32

33

34 31

30
29

27 28
25
26
24

19 21 20

7

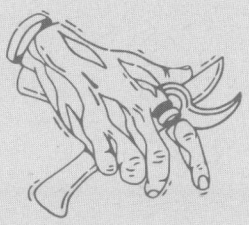

16 15
14
13

Orgullo rural

En bici por Teruel con Biela y Tierra

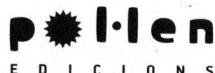

Título: *Orgullo rural. En bici por Teruel con Biela y Tierra*
Primera edición: septiembre de 2025
© De los textos: Edurne Caballero Zaldibar y Ana Santridrián García
© De las ilustraciones: Isabel Santabárbara Martos (iconos mapa y cubierta); Nylon Silvestre (portadilla)

© De esta edición: Pol·len Edicions, sccl

c. Pere Serra 1- 15 08173 Sant Cugat del Vallès
www.pol-len.cat / info@pol-len.cat

Con la colaboración de:

El Instituto de Estudios Turolenses no se responsabiliza de los posibles errores en el texto de esta obra, cuya revisión ha quedado a cargo sus autoras.

ISBN: 978-84-10255-94-4
Depósito legal: B 14841-2025

Diseño y maquetación: Pol·len Edicions
Diseño de cubierta: Aida I de Prada (Pol·len Edicions)
Corrección: Pol·len Edicions
Edición: Mar Carrera Vendrell (Pol·len Edicions)

Impresión: Novoprint (Catalunya)

Libro ecoeditado. Toda la información en la última página del libro.

Índice

Prólogo

Esther Peñarrubia

Doctora Ingeniera Agrónoma, activista y conferenciante de Residuo Cero, guía de jardines históricos y amante del cicloturismo

Es todo un honor prologar esta obra. Muchas gracias a sus autoras, Ana Santidrián y Edurne Caballero, por compartir de manera amena tantas buenas ideas sobre el mundo rural en Teruel. De hecho, son los mismos valores que hace una década yo intento divulgar: un estilo de vida sencillo; la simplicidad voluntaria; el consumo crítico, ético, consciente y transformador; la reducción de residuos; la descarbonización del transporte mediante una movilidad sostenible en tren y en bicicleta; en definitiva, una sociedad comprometida con su territorio, su asociacionismo y activismo, el fomento del mercado local, los alimentos de temporada, locales y ecológicos, el autocompostaje, el control de plagas agrarias sin productos químicos de síntesis, el decrecimiento, la resiliencia... parece una utopía, pero sigue leyendo y ¡encontrarás ejemplos reales!

El presente libro no es una guía convencional de cicloturismo por tierras turolenses, con sus distancias en kilómetros y sus desniveles. Tampoco se trata de un listado de pequeñas empresas productoras del ámbito agrícola, ganadero y cultural. Aun así, tangencialmente, es una mezcla de ambas. A lo largo de sus páginas leemos sobre esta aventura y sus interesantes encuentros con diversas habitantes, a través de una ruta en bici. Es un viaje lento, el objetivo no es el destino, sino el propio viaje, por paisajes sin aspiraciones a salir en la portada de turno bajo el título «Los lugares más bellos del mundo que no te puedes perder». Inmersas en su lectura nos imaginamos esas pedaladas bajo cielos azules, a veces nublados, caminos entre olivos, entre frutales de hueso, campos de cereales con sus tallos movidos por el viento, un pequeño pueblo donde sólo hay un colmado, y todo ello, aliñado por el zumbido de las abejas melíferas o por el aroma de un sabroso queso de producción local. Todo eso y mucho más es viajar en bicicleta por Teruel con Biela y Tierra, o por tantos caminos paralelos a ríos, canales, carreteras terciarias, vías verdes, antiguos ferrocarriles mineros, *eurovelos*... en busca de la belleza intrínseca del paisaje, sin más, no de un *like* con nuestra foto delante del monumento más famoso de una exótica ciudad lejana.

Tras más de dos décadas practicando el cicloturismo de manera muy activa —en algunas ocasiones, como han realizado las autoras del libro, intercalando conferencias sobre el estilo de vida «Residuo Cero»—, os recomiendo sinceramente esta lectura en clave positiva, para no olvidarnos de que hay muchas personas en el mundo rural que creen, que creemos, que los cambios comienzan por uno mismo.

TERUEL

Introducción

A quienes abráis este libro y leáis estas páginas os invitamos a sumergiros en el relato de una travesía muy especial. Una aventura que nos llevó a conocer impresionantes paisajes y sorprendentes iniciativas en el mundo rural turolense. El equipo de Biela y Tierra emprendió esta ruta en bici con la firme convicción de descubrir, compartir y celebrar las historias que germinan en lugares escondidos, de los que no se suele hablar.

Todo comenzó en 2019, cuando nuestra primera ruta superó todas las expectativas. Creamos narrativas pausadas y reflexivas, historias de vida, de cambio y esperanza. Nos dimos cuenta de que este era nuestro camino, el sendero que debíamos pedalear para dar voz a quienes trabajan en el mundo rural produciendo alimentos de manera responsable y ofreciendo soluciones reales a los desafíos globales. Motivadas por un profundo compromiso y una lista interminable de razones, nos lanzamos de ruta una vez más. Desde enfrentar la despoblación hasta promover la igualdad, desde combatir el cambio climático hasta empoderar a nuestro sector primario, cada pedalada tenía un propósito.

El año 2020, con el COVID-19 y las crisis sanitaria, climática y social, nos demostró que un cambio de rumbo no solo era necesario, sino urgente. Después de haber sobrevivido a una pandemia, quedó más claro que nunca que somos un ecosistema y que sólo de manera conjunta podremos solucionar los problemas a los que nos enfrentamos. Por este motivo volvimos a pedalear, para conocer a quienes ya están trabajando y construyendo alternativas reales. Decidimos recorrer Teruel porque, pese a las dificultades inherentes a la despoblación, en esta provincia se muestra con fuerza que es en un mundo rural vivo donde se encuentran las soluciones.

Con la clara intención de ser un puente que conecte el campo y la ciudad para tender caminos que nos ayuden a construir una sociedad más humana, desde Biela y Tierra propusimos una mirada a las zonas despobladas y rurales, donde se esconden infinidad de historias de éxito y superación. Ejemplos vivos de que mucha gente pequeña, en lugares pequeños, haciendo cosas pequeñas ya está cambiando el mundo: acciones reales para resolver problemas globales. Durante los dos meses de pedaleo se pudo seguir la aventura a través de nuestra página web y redes sociales: casi 1.000 km y más de medio centenar de iniciativas visitadas.

Nos sumergimos en la riqueza de los paisajes de la provincia de Teruel y en la calidez de su gente. Descubrimos una enorme cantidad de iniciativas, muchas de ellas lideradas por mujeres valientes y apasionadas, que abrazan la sostenibilidad y preservan la tradición agroganadera y gastronómica turolense. En esta edición quisimos incluir el arte y la creatividad entre los proyectos que visitamos porque, como aprendimos en la ruta anterior, es una parte indispensable de la vida. Desde la agricultura hasta el arte, desde la ganadería hasta la educación, cada proyecto que encontramos nos mostró que alrededor del alimento siempre hay vida. En estas páginas se recopilan 18 proyectos de agricultura, 11 de ganadería, 6 de transformación de alimentos, 10 de arte y cultura, 3 de ecoturismo, 2 energéticos, 9 de educación y sensibilización y 4 de temáticas variadas. Con desazón vemos que en estos casi cinco años que separan la ruta de la publicación del libro algunos de los proyectos que visitamos ya no continúan. Por supuesto siguen presentes en este libro, porque formaron parte de la selección y del viaje. En las zonas rurales, por desgracia, no es excepcional que proyectos acaben cerrando. Las dificultades para persistir son muchas y así nos lo expusieron la mayoría de personas que conocimos. A lo largo del viaje, compartimos experiencias, realizamos talleres y charlas y nos maravillamos con cada pueblo de Teruel.

Este libro es el testimonio de esta travesía, de las experiencias, aprendizajes y reflexiones que plasmamos en los 32 cuadernos de campo que escribimos durante nuestro cicloviaje. Cuadernos llenos de experiencias inolvidables, momentos de inspiración y encuentros que han dejado huella en nuestro corazón. Te invitamos a sumergirte en estas páginas y a descubrir la magia del mundo rural sobre nuestras bicicletas. La primera versión de los cuadernos de campo está publicada en nuestra web www.bielaytierra.com, donde se pueden encontrar los textos originales con referencias digitales para profundizar en los temas abordados. En este libro, esas referencias han sido eliminadas por razones prácticas.

A lo largo del viaje compartimos experiencias, realizamos talleres y charlas en los pueblos y nos maravillamos con cada rincón de la provincia. Teruel es un territorio que conquista a quienes se acercan a descubrirlo. Paisajes que nos atraparon por su sorprendente belleza: campos infinitos de cereal, portentosas montañas rocosas, bosques tupidos, valles fértiles y acogedores, pasado industrial olvidado, huellas de milenios de convivencia de las comunidades campesinas que fueron modelando el paisaje, conociéndolo, aprendiéndolo e identificándose con él. Conocimos personas entusiastas que han decidido apostar por su futuro en estas tierras y nos dimos cuenta de que el verdadero cambio comienza con la toma de conciencia y la acción colectiva. En estas tierras encontramos un gran orgullo rural y un gran orgullo por ser de Teruel: paisajes diversos y mucho amor por sus raíces y su tierra, personas que nos mostraron que no quieren abandonar sus pueblos y otras que han apostado por labrar su futuro en tierras turolenses. Pedaleamos por la soberanía alimentaria y descubrimos muchas otras soberanías: la energética, la del conocimiento, la de la alegría, la de la educación y la de la organización.

¡Os damos la bienvenida a nuestro viaje!

Conceptos de la ruta

bicicletas ecofeministas

arte

orgullo rural

mujer rural

alimentación sostenible

agroecología

10 de julio de 2021, Calamocha.

Arte y naturaleza para comenzar a descubrir Teruel

Después de unos siete meses de preparación, llegó por fin el día de salir a rodar para descubrir Teruel. La edición #BielayTierraTeruel ya contaba con la experiencia de la ruta de 2019;[1] sin embargo, la ilusión y la incertidumbre siguen presentes. Siempre que se empieza una aventura tienes el corazón abierto y esa vulnerabilidad, la que nos hace humanas, nos prepara para vivir el viaje con toda su inmensidad y plenitud. La ruta y las personas que conoces en el camino te van enseñando, te van transformando. Hoy comenzamos de nuevo a escribir estos Cuadernos de Campo siendo conscientes de que, una vez publicados, dejarán de ser nuestros y pasarán a ser de quienes los leáis. Cuadernos de recuerdos, de aprendizajes, de alegrías, de tristezas y de pequeñas anécdotas del día a día que queremos compartir.

Con todo esto, nuestras bicis preparadas y alforjas cargadas, empezamos el día con un desayuno sano y nutritivo en el Supermercado Cooperativo Avecinal. Una decena de personas nos juntamos a las siete de la mañana y con ellas compartimos esas emociones que nos recorrían el cuerpo: alegría, ilusión, emoción, nervios y, sobre todo, gratitud. Esas diez personas representaban a la comunidad de Biela y Tierra porque sin ellas y sus apoyos, sin vosotras, sin las iniciativas, Biela y Tierra no sería posible. A las tantas y tantas personas que construyen Biela y Tierra, ¡gracias!

Bien desayunadas y con nuestras bicis preparadas nos dirigimos a la estación de tren de Goya. Este año quisimos salir de Zaragoza en tren para reivindicar dos temas candentes: la importancia de mantener el ferrocarril en los pueblos y las dificultades de combinar bici más tren, la manera de viajar más sostenible.

21

---

1. Véase el libro Biela y Tierra en ruta. *Nuestra alimentación como motor de cambio* (Pol·len Edicions, 2022).

No podemos permitir que nuestros pueblos se queden sin ferrocarril. El tren, una de las maneras de viajar menos contaminante, es un servicio público esencial para vertebrar el territorio y combatir la despoblación en el entorno rural. Con las infraestructuras montadas, las estaciones construidas y la necesidad de conectar diferentes poblaciones y facilitar las comunicaciones entre el medio rural y medio urbano, ¿cómo es posible que se esté planteando el cierre de estaciones o el uso de taxis en lugar de trenes? El movimiento #AragonNoPierdasTuTren reivindica el tren como eje vertebrador «que construye nuestro territorio». Y añaden: «Seguiremos defendiendo que la frecuencia de los trenes se adapte a nuestras necesidades y no al revés, seguiremos defendiendo mejores infraestructuras, mejor accesibilidad y más paradas».

Mientras en la mayor parte de Europa ponen facilidades para poder viajar en bici y tren, en el Estado español hacer un viaje cicloturista combinando tren y bici es casi casi una odisea. Para viajar en Renfe con tu bicicleta en un tren de largo recorrido tienes que desmontarla y meterla en una bolsa especial. La bici, una vez embalada, deja de ser un vehículo útil y se convierte en un muerto intransportable. Fácil, ¿no? Cuando se hace un viaje cicloturista necesitamos desplazarnos con nuestra bici y alforjas hasta la estación y disponer de un acceso fácil para subir al tren. Además, los vagones no cuentan con un espacio específico para las bicis y, aunque vayan desmontadas y embaladas, para colocarlas en los maleteros tienes que ser la reina del Tetris. En los trenes de cercanías, regionales y media distancia sí que se puede subir la bici al tren, pero sea cual sea la capacidad del tren, ¡solo pueden viajar tres bicicletas! En Francia, por ejemplo, se permiten hasta veinte bicicletas. Plataformas y colectivos ciclistas llevamos muchos años reivindicando ¡¡Bicis al tren!!, incluso a través de peticiones directamente a Renfe. Es necesario y urgente descarbonizar el transporte y apostar por acciones reales y valientes de combinación bici + tren, la manera más sostenible de viajar.

Llegamos a Calamocha para encontrarnos con Lali, una barcelonesa que llegó con su familia en 2008 a la comarca del Jiloca, gracias a un programa de nuevos pobladores, huyendo del precio de la vivienda desmedida de la capital catalana. Estos programas facilitaban, desde los ayuntamientos, la llegada de nuevas vecinas y vecinos a través de la rehabilitación de viviendas que se ofrecían con alquileres sociales. Las personas que llegaban debían hacerlo con un proyecto de vida. Ricardo, el marido de Lali, tenía un puesto de herbolario artesano con el que participaba en ferias.

A su llegada al Jiloca, Lali cuenta que el paisaje le pareció desolador, comparándolo con el Prepirineo donde pasaba sus vacaciones de pequeña. Entonces pensó: «Si hay gente que vive aquí yo también puedo hacerlo». Trabajando con su marido empezó a investigar en profundidad las propiedades de las plantas medicinales. Pero, claro, primero debía aprender a identificarlas en su entorno. Sus comienzos en esta disciplina fueron de la mano de la plataforma ciudadana Biodiversidad Virtual, donde volcaba sus dudas subiendo fotos de las plantas que encontraba. En esta plataforma se reúnen expertas, aficionadas y principiantes. La gente que más sabe resuelve las dudas y proporciona las claves para que todo el mundo vaya aprendiendo; «ahí entendí lo que era la botánica», nos dijo Lali. Esta web se mantiene gracias a la colaboración de más de 400 personas que además forman una asociación con la que realizan distintas actividades: paseos, acciones reivindicativas, etc.

Este tipo de plataformas, como también lo es iNaturalist, se convierten en un mapa enorme de citas y localizaciones abiertas para que todo el mundo participe y son espacios donde se han descubierto nuevas especies de plantas e insectos. Se ha avanzado muchísimo con la Ciencia Ciudadana y las redes sociales para completar la información. Por ejemplo, desde El Herbario de Jaca le propusieron participar en la RESECOM, un proyecto Life de seguimiento para especies de flora y hábitats amenazados que se mantiene por el trabajo de personas voluntarias a quienes se les adjudica una especie para hacer el seguimiento anual. *Coronopus Navasii*, de nombre mastuerzo de Gádor, es la de Lali.

Su colaboración con el Herbario de Jaca comenzó cuando descubrió sus primeras orquídeas silvestres, la *Orchis papilionacea*. «Aquellos días los recuerdos que tengo son de muchos nervios y mi pensamiento era: ¿cómo voy a colaborar yo con el herbario si no tengo ni idea de botánica? Pero sí, lo hice y sigo con ello». A lo largo de todos estos años todos sus descubrimientos y avances los comunica a través de su web Mi Herbario del Jiloca.

23

Tuvimos la inmensa suerte de compartir con ella un precioso paseo por la ribera del río Jiloca. En la primera parada ya nos mostró el *Geranium collinum*, una especie protegida en otros territorios pero que en Aragón no está incluida en el catálogo de especies amenazadas. Descubrimos otras como *Lycopus europaeus*, la menta de agua, lirios amarillos... Y es que, como ella nos decía: «No puedo dejar de ir caminando mirando a la tierra, en los bordes de los caminos, los ribazos... prestando atención a las plantas». Para Lali, conocer la flora autóctona de cada lugar debería considerarse parte de la cultura básica. Cada vez estamos más alejadas de todo este conocimiento. Un ejemplo claro está en la jardinería, en la que, dependiendo de modas y estéticas cuestionables, se utilizan, en ocasiones, especies que pueden ser invasoras. A orillas del río nos mostró un ejemplo de ello con el arbusto de las mariposas, en latín *Buddleja davidii*.

Y es que Lali, con su trabajo de hormiga, se ha convertido en una reconocida botánica especialista en la flora de la comarca del Jiloca. Actualmente está inmersa en la *Guía de la Flora de la cuenca de Gallocanta*. De las 1.170 especies que hay registradas, ella tiene identificadas y localizadas 900. ¿Cómo no va a ser un referente? En el año 2008 publicó su primer artículo científico en la revista *Flora Montiberica*, número 70, *Aportaciones a la flora de la cuenca endorreica de la laguna de Gallocanta* como única autora y, de hecho, es la única mujer que aparece en ese número de la revista. Este número se publicó, justamente, la noche del ocho de marzo. Con mucha modestia, nos decía Lali: «Yo creo que es para estar orgullosa, ¿no creéis?». Por supuesto Lali, empezaste sin formación académica en botánica, pero con tu trabajo y pasión por las plantas te has convertido en poco más de una década en referente de la botánica aragonesa. Eres un orgullo.

En el camino nos acompañó Joan, su hijo de 18 años. Él lo ha mamado desde siempre y nos contaba entre risas cómo cuando va al monte con sus amigos no para de decirles el nombre de las plantas y las propiedades que tienen. A Joan le tira más el arte y la cultura. Y no es de extrañar porque viene de familia de artistas. Joan es músico, al igual que su abuelo materno que también se llamaba Joan. Lali nos contaba que su padre, en una pequeña habitación, daba clases de música a sus hijos y amigos con un pentagrama pintado en la puerta. Esta era su afición. Y Lali, todavía demasiado pequeña, aprendía al otro lado de la puerta. Creó la Orquestra dels Petits Músics, donde Lali participaba tocando la flauta dulce y cantando en la coral. La madre de Lali, Roser, es ceramista y una mujer tremendamente vital. Aún hoy con 87 años mantiene abierto el taller y la academia para enseñar cerámica en el barrio. Y además es bloguera a través de su web de poesía *Engrunes literàries*. Lali colaboraba con su madre en el taller como alfarera y nos mostró algunas de las hermosas piezas que realizaba.

Comenzar esta ruta Biela y Tierra Teruel conectando arte y naturaleza ha sido todo un regalo.

El arte de dar vida

El primer día de ruta, por la tarde, nos juntamos en Burbáguena para hacer una de las cosas que más nos gusta: la comunicación cara a cara a través de un taller de huella ecológica. Compartir la tarde hablando sobre cómo nos afecta la manera que tenemos de consumir, qué alternativas existen y qué limitaciones nos encontramos no es algo habitual. Llevamos estas inquietudes frente al molino de Burbáguena y junto a otras quince personas estuvimos debatiendo. ¡Qué importantes y enriquecedores son estos espacios de reflexión colectiva! Aprendimos un montón. Entre las asistentes estaba María, de Luco, que nos habló de la comunidad energética que están formando en su pueblo. Como tantas veces hemos comprobado, cuestionarnos el origen de aquello que consumimos (por ejemplo, nuestra energía), buscar alternativas y hacerlo de manera grupal y organizada es la única solución.

Este taller se llevó a cabo gracias al ADRI Jiloca-Gallocanta. Silvia, licenciada en geografía y especialista en desarrollo rural, es técnica en esta asociación y además está metida en todos los fregados. Silvia volvió al pueblo de su madre, Concha, hace cinco años. Decidió volver el día que se encontró pensando: «No sé por qué sigo en Zaragoza». Silvia era parte de la cooperativa de investigación social Plebia con la que desarrollaban proyectos de participación ciudadana y planificación estratégica. Con este trabajo fomentó mucho su capacidad de escucha y conocer realidades muy diversas y le permitió abrir la mente a nivel personal. Esto, sin duda, ha sido una buena baza para adaptarse a la vida del día a día en Burbáguena: «Llegar al bar y hablar con quien sea sin tener en cuenta edades ni estatus». Porque Silvia se preguntaba: «¿Qué quiero yo para la vida?». Nos contaba que le gusta entrar en la iglesia y sentarse en los mismos bancos donde se sentaron sus padres, abuelas, bisabuelos, tatarabuela… «Y yo siento un vínculo con la vida. Y para mi hija, Lola, quiero lo mismo: que sienta ese vínculo con la tierra. Porque aquí dejas huella, aquí tu paso importa, aquí la gente te conoce. Es una forma de pasar por la vida importando». Para Silvia, en el pueblo, todavía se mantienen el vínculo y la libertad que en las ciudades se han perdido. Además, la vida en el medio rural tiene más virtudes, como una crianza en grupo donde la sabiduría que da el grupo no puede darla una sola persona o una pareja. En el pueblo hay que espabilarse y tienes la oportunidad de ser más soberana sobre tus necesidades: hacerte la leña, cultivar un huerto, criar gallinas, e incluso, si necesitas comedor y actividades extraescolares para tus hijos, montar una asociación de familias para conciliar la vida. Nos decía Silvia: «Con lo que algunas personas se gastan en un coche yo aquí tengo mi casa, sin depender de hipotecas. Eso es calidad de vida, por la soberanía que nos ofrece lo rural».

Como veis, Silvia es una mujer muy activa y orgullosa de ser rural. Pero no es la única. Puri, Berna, Ana y Sandra fueron a Presura, la feria nacional para la repoblación de la España rural. Y pensaron: «Esto nosotras también lo podemos hacer». Hartas del tono victimista que ponía el foco en lo que limitaba a los pueblos, ellas querían cambiar el discurso. «Vamos a dar una imagen real de la vida en nuestro pueblo». Se sentían *cosmopueblitas*: «Somos gente de pueblo pero que a la vez necesitamos salir, viajar, cultura». Decidieron hacer la feria Cosmopueblita en 2019 y dedicar, expresamente, la primera edición a la mujer rural. Porque la mujer rural siempre ha sido la que ha gestionado todo, la que realmente se mueve. «Basta ya de pensar que las mujeres están metidas en la cueva». La realidad está cambiando: ahora están más presentes, incluso en la administración y «el cambio en los ayuntamientos en los que hay mujeres realmente se nota». La feria se realizó a través del grupo de acción local ADRI Jiloca-Gallocanta, gracias al proyecto de cooperación Red SSPA: áreas escasamente pobladas del sur de Europa. Silvia nos contaba que no sabían dónde meter a la gente: ¡acudieron más de 600 personas y consiguieron el objetivo de dar visibilidad a las mujeres del pueblo! La idea es que esta feria vaya girando por distintos municipios de la comarca y quitar el miedo, «porque en los pueblos pequeños se pueden hacer muchas cosas».

Por ejemplo, en Burbáguena hace más de 20 años que la Asociación Burbaca organiza una semana cultural con la participación de los artistas locales, que no son pocos: Carlos Galindo, padre e hijo, Raquel Rodrigo, Chepe Pardos, Inma Pardos, Enrique Villagrasa, Simeón Martín, Begoña Fidalgo, etc., y, por supuesto, el gran José Azul.

José Azul salió de Burbáguena con 16 años para trabajar en un bar de Teruel. Entre idas y venidas terminó en Zaragoza trabajando en una tienda de acuarios. Esa época le permitió volverse un observador de los peces, de la naturaleza, de su entorno. Tras un año sabático, con 24 años, junto con un socio, montó el bar musical Azul, centro neurálgico de la cultura zaragozana de los años 90, donde el arte estaba presente: música, pintura, fotografía, poesía... Y mucho funk y rock and roll. En el año 2000, mientras estaba trabajando en la barra, un cliente que llevaba varios días observándolo, le preguntó: «Y tú, ¿qué haces aquí?». Le invitó a un curso de forja en Poleñino, Huesca. ¿Un curso de forja? Siempre le había gustado utilizar sus manos. ¿Por qué no probar? Y se fue a Huesca a cambiar de aires.

Después del curso se quedó trabajando en Poleñino. Hacían muebles, encargos especiales y José nos contó lo siguiente: «Mientras trabajaba en la forja cogía las herramientas e imaginaba figuras de animales». Así que se animó a crear sus propias esculturas. «Las iba regalando y veía que a la gente le gustaba». En 2006 montó su primera exposición, fue en la galería Artix, en el barrio de la Madalena. «Fue muy curioso porque yo era un tío popular en la ciudad y había desaparecido de Zaragoza. Y de repente, aparezco ahí con otra movida y se creó mucha expectación». De las 17 figuras que llevó vendió 12. Esto le impulsó a seguir con la escultura.

José trabaja el hierro, la piedra y la madera porque son materiales nobles. «El hierro es un material noble porque sale del mineral, de las montañas. Antiguamente se le entregaban barras al herrero para fundirlas y fabricar herramientas. Me gusta cuando el hierro se oxida porque lo que intenta es volver otra vez a la tierra», nos explicó con su visión poética. Su taller está lleno de desechos, miles de piezas, partes de maquinaria agrícola, cadenas de bicis, etc., esperando a reencarnarse en arte. José se inspira en su entorno natural: «Hago animales y plantas porque me fijo en la naturaleza. Considero y creo que muchas de las herramientas están basadas en el mundo animal». Ya de niño cogía las grandes tijeras de albardero de su padre, José López, moviéndolas por el aire como si fuesen el pico de un pájaro.

Cuando ves sus esculturas no puedes evitar sonreír y pensar, ¡qué tío más bueno!, por la creatividad a la hora de utilizar los materiales y conectar formas y por la belleza de cada pieza. «Yo no me metí en este oficio para pensar, sino para hacer cosas bonitas», nos decía. Encontramos sus obras por muchos puntos de nuestra geografía: tortuga en Albero Bajo; hormigón azul, araña de la acequia y peces en Utebo; cola de la ballena en Burbáguena; en un futuro próximo estará la cápsula del tiempo en el pantano de Lechago; un ojo para mirar al futuro en homenaje a la batalla de Cutanda; premio Chopo cabecero y premios de la Música aragonesa, etc. En sus obras también trata temas de actualidad como la COVID-19 o reivindicativos, como la lucha contra la violencia de género. Desde 2012 posee un taller de forja portátil con el que realiza talleres, demostraciones y exhibiciones acercando su arte a vecinas y vecinos de los pueblos. Para José es importante acercar el arte y la escultura a todo el mundo. Un ejemplo de ello son los talleres de arañas bombilla que realiza con peques y no tan peques.

29

Las esculturas de José Azul maravillan a quien las ve. «Yo he participado en todo: encuentros, exposiciones, presentaciones, eventos... Movía mis esculturas porque sabía que si las veía mucha gente iba a vender». La obra de José se encuentra también en muchas casas. Él desea que el arte sea accesible para todas y por eso los precios de sus obras están adaptados a todos los bolsillos. Muestra de esto es que en Zaragoza hay más de 2.000 piezas decorando rincones de particulares. En Burbáguena paseamos con él para descubrir también estos tesoros en las fachadas: las hormigas en casa de Jaime y Pilar, la tortuga en casa Chinas, la garza de casa de la familia de Silvia, la casa de Chus y sus ovejas, el pajarito del balcón de casa Cutando, etc.

Burbáguena es un pueblo muy hospitalario. El primero José, que nos ha abierto su casa, sus amigos y su mundo: ¡un anfitrión sin igual! Un tío humilde, cercano, con una vida llena de experiencias y personas que le quieren. Es una delicia compartir sobremesas y risas para ir descubriéndolo. Nos falta una fiesta con José. Te esperamos este año, de nuevo en Alloza.

Conocimos también a Laura, Guille, Farlet, María, Ana y, por supuesto, a Vicente, pastor, jotero y actualmente maestro hortelano que, a sus 94 años, sigue con la azada trabajando la tierra y cantando jotas en el bar. También vimos a Charo, que nos dijo: «Yo soy pariente de todo el pueblo. Aquí todos nos conocemos». Estuvimos charlando con Adrián, de Báguena, que desde hace poquito tiene 60 vacas de raza casina. Toda esta gente vive aquí todos los días. Nosotras le decíamos a José: «Sois un pueblo de artistas». Y él añadía: «Es una pena que no vivan aquí». Este mismo pensamiento lo compartimos con Silvia: «Hay mucho potencial y muchas posibilidades, pero se necesita que la gente viva aquí para poder desarrollar los proyectos». Comenzar ruta en la comarca del Jiloca con la casa de Mª Jesús Martín, madre de José Azul, como centro neurálgico nos llena las alforjas de cariño e ilusión para seguir descubriendo la riqueza y secretos de la tierra turolense.

13 de julio de 2021, Blancas

El oro rojo se esconde en el Jiloca

Para Biela y Tierra es importante llegar al máximo número de personas posible y, por eso, establecemos alianzas con medios de comunicación como Radio Valdivielso o Arainfo y, además, estamos dispuestas a atender a los medios interesados en nuestra propuesta. Esto es lo que ocurrió el 12 de julio, un día muy diferente dentro de la ruta Biela y Tierra. Estábamos en Burbáguena y, en lugar de montarnos en nuestras queridas bicicletas, una furgoneta de RTVE nos recogió para llevarnos a Blancas. Desde España Directo nos contactaron para hacer una pieza sobre nuestra ruta incluyendo una de las iniciativas y Azafrán La Carrasca, que se mete en todos los fregaos, no dudó en acompañarnos y acogernos por unos días en la casa del Azafrán, en Blancas, con una enorme hospitalidad. Estamos infinitamente agradecidas por la generosidad recibida en Blancas.

Azafrán La Carrasca surge de la familia Esteban-Sánchez. José Antonio nació en Blancas, hijo de Juan José y de María, su padre pastor y su madre, como todas las mujeres, era quien organizaba todas las labores del azafrán. Con nueve años, gracias a una beca, se fue a estudiar interno a Teruel por la insistencia de su madre: «Hijo, para que tengas un futuro mejor». La vida le llevó por distintas comunidades, pero nunca perdió la vinculación con el pueblo, incluso fue alcalde de Blancas con tan solo 22 años. Estando en Novelda, Alicante, fue consciente de la cantidad de trabajo que genera el negocio del azafrán en esa zona, aún sin ser productores y comercializando mayoritariamente azafrán de otros países. «Me di cuenta de lo desagradecidos que habíamos sido en nuestras comarcas con el azafrán cuando habíamos sido uno de los principales productores del mundo», nos contaba José Antonio. Al volver a vivir a Teruel, en 2005, fue a buscar cebollas (los bulbos de azafrán) a Villalba donde, por suerte, aún conservaban algunos en una huerta. Plantó 500 m². En aquel momento reflexionaba: «Si fuéramos capaces de recuperar el cultivo y hacer algo parecido a lo que hacen en Novelda, se podría fijar población en los pueblos, generar trabajo y ofrecer que nuestra gente joven se quede aquí». Y así ha sido con su hijo Carlos.

Carlos no conocía nada del mundo del azafrán y cuando vio las posibilidades que ofrecía decidió estudiar un grado superior de comercio internacional e incorporarse al proyecto. Esos 500 m² pasaron a 1.000 m² y a las cuatro hectáreas que cultivan actualmente, todo en ecológico. El primer azafrán ecológico de Aragón, de España y probablemente del mundo. Tienen dos líneas: certificado en ecológico de su propia producción y el azafrán tradicional que compran a pequeños productores de la zona para comercializarlo. Azafrán La Carrasca es sin duda un modelo de negocio de éxito. Apostar por la producción certificada en ecológico les permite tener un sello de calidad reconocido tanto en España como en el extranjero y les ha abierto muchas puertas en Europa. La mayor parte de sus ventas se centran en la exportación, ya que fuera de nuestras fronteras se valora mucho más su producto. «No es fácil empezar a vender fuera. Pones una semilla y quizá tarda un año o más en dar fruto», nos dijo Carlos. Eso sí, padre e hijo remarcaban la importancia de tener preparada la documentación y saber qué pasos seguir.

Otro de sus puntos fuertes es la diversificación. El azafrán es un increíble potenciador del sabor, por ello, han decidido combinarlo con: chocolate, aceite, licor, agua de mar, longaniza, queso, etc., obteniendo productos únicos y muy apreciados. Una parte de las ideas de todos estos productos viene de los contactos y sinergias que se generan en las ferias. «Nunca hay una feria mala, siempre sucede algo». Llaman la atención las cápsulas Anímate de La Carrasca que utilizan *Crocus sativus* (azafrán) como antidepresivo natural. De hecho, el azafrán tiene muchas propiedades medicinales y el 80 % de su comercialización mundial es para uso farmacéutico: antiinflamatorio, calmante, antidepresivo, digestivo, etc., e incluso se están haciendo pruebas por sus propiedades antitumorales.

A lo largo de la historia el azafrán ha sido un elemento muy preciado y se ha llegado a utilizar como moneda. El pueblo egipcio ya lo usaba para la momificación; griegos y romanos a nivel medicinal y las túnicas de monjes budistas originalmente se teñían con azafrán. Es la única especia que viajaba del Mediterráneo a las Indias. En Blancas, el azafrán era una parte de la vida: «Yo no recuerdo ninguna sopa que hiciera mi madre que no llevara azafrán». Y es que, todo lo que cocinas con azafrán sabe mucho más rico. ¿Habéis probado alguna vez a preparar unas sencillas patatas con unas briznas de azafrán?

Y no solamente era eso, el azafrán era el ahorro de los pobres porque es un producto de gran valor, que no se come y que se conserva muy bien. La vida de las familias se basaba en la autosuficiencia y el azafrán se guardaba para momentos de necesidad: comprar tierras, maquinaria, en caso de enfermedad... José Antonio decía: «El azafrán ayudó a mecanizar el campo y los tractores se cargaron el cultivo de azafrán. Cuando se compraron los tractores ya no se necesitaba tanta mano de obra y la gente se fue a las ciudades para buscarse la vida». El cultivo del azafrán se fue perdiendo en favor de las grandes extensiones de cereal.

Casi todo el trabajo del azafrán es manual, las briznas se extraen de la rosa y se deben tostar para poder conservarlo bien. «Para Santa Teresa, la rosa en la mesa», recuerda José Antonio. Carlos ha tenido que aprender todo desde cero: cómo se reproducen las cebollas, cuánta agua necesitan, cómo se *esbrizna*... «Cuando venían a ayudarnos los mayores recogían y *esbriznaban* dos veces más rápido». Su abuelo Juan José estuvo con ellos al pie del cañón hasta los 82 años y miraba orgulloso la recuperación del azafrán en su pueblo.

Son muchos los saberes que conservan los mayores en nuestros pueblos. Por eso, en Blancas, también Ruth y Lorena crearon Lecciones en conserva, un proyecto audiovisual de dinamización rural para la conservación y difusión del patrimonio inmaterial de Blancas. Ruth nos explicó: «Queremos ser quien enseñe con orgullo lo que saben nuestros mayores. Como un *coaching* rural: se pagan millonadas a gente para que nos cuente cómo debemos vivir, y tu abuela te lo lleva diciendo toda la vida». «Empezamos grabando con el móvil porque las personas mayores se van yendo y nosotras queremos guardar toda esa sabiduría», añadió Lorena. «Al principio lo hacíamos para poner en valor lo que sabía la gente y la gente se dejaba grabar por hacernos un favor», se reían.

Conforme ha pasado el tiempo y la gente ha ido viendo el resultado, las han empezado a valorar. Lo que empezó como un pasatiempo es ahora,

33

cada vez más, un proyecto sólido. Lorena es diseñadora gráfica y audiovisual y Ruth es ingeniera en diseño industrial. Cada una tiene sus ocupaciones y en sus tiempos libres se lían la manta a la cabeza. «Hacemos un *dream team*»; se complementan. Para consolidar el proyecto participaron en Made in Rural, impulsado por la plataforma Jóvenes Dinamizadores Rurales. A través de esta iniciativa se reúnen jóvenes rurales de distintos puntos de Aragón para compartir y dar forma a sus proyectos con una formación específica. «Fue una experiencia muy enriquecedora. De las formaciones sales con ganas de irte al pueblo a vivir», decía Lorena. En cada edición de Made in Rural, tres de los proyectos reciben una recompensa económica. En el año 2019, Lecciones en conserva y nuestras amigas de Cave Cane[2] fueron premiadas.

Pero para Lorena y Ruth lo importante no son los premios. De hecho, ellas todavía no se creen el fantástico proyecto que están llevando a cabo que ya ha despertado interés en otros municipios. «Las que ganamos más somos nosotras, ahora sabemos muchas cosas más del pueblo. La gente nos conoce y nos abre las puertas de sus casas. Somos como Paco Martínez Soria pero al revés». Están pensando publicar en papel toda la información recogida porque en las casas de Blancas no llega internet. «Tenemos una web súper chula que sus protagonistas no pueden ver en sus casas».

Este cuaderno de campo nos recuerda la importancia de mantener saberes y cultivos tradicionales. El trabajo de Lecciones en conserva y de Azafrán La Carrasca tiene dos cosas en común: recuperan algo perdido en el pueblo y ahora, con la COVID, dos jóvenes se han instalado allí, Ruth y Carlos. Carlos es un tío optimista que ve recursos y posibilidades en el entorno rural. Ruth cree que está difícil. Sin embargo, para ella, la pandemia y la normalización del teletrabajo ha supuesto una revolución: «A mí me encantaba el pueblo, pero no veía claro poder desarrollarme profesionalmente aquí. Ahora puedo trabajar como ingeniera compartiendo datos desde mi móvil viviendo en la casa familiar». Ruth también nos decía que es importante que la gente con algún tipo de vinculación se asiente en el pueblo. Hablando de las dificultades, nos cuenta que llegar a un pueblo,

34

---

2. Véase el libro *Biela y Tierra en ruta* (página 317).

sin ninguna vinculación, no es socialmente fácil por eso ella pensaba que «es importante no solo hacer que la gente venga, sino también que la gente no se vaya». Nos vamos de Blancas con una sonrisa de esperanza.

En Blancas quedarán buenas gentes llenas de proyectos e ilusiones acompañadas y bendecidas por la imponente sabina milenaria emblema del pueblo y la increíble reproducción en metal de Jesús Guayar. De Blancas para el mundo.

La fuerza de las mujeres rurales

Salir a pedalear nos reconforta, nos renueva y nos llena de energía. Lo necesitamos, sin duda, y el pedaleo de este miércoles nos sentó de fábula. Hicimos una ruta circular desde las parameras de Blancas —espacio protegido Red Natura 2000— hasta Bañón, pasando por la ribera del Jiloca, para llegar a conocer a Pilar Edo. La comarca del Jiloca nos está regalando hermosos parajes con campos de cereal, horizontes infinitos y espectaculares paisajes con la laguna de Gallocanta al fondo. Estamos en época de cosecha, momento decisivo y de estrés para quienes se dedican al cereal. Nunca sabes cómo va a ser el día, dependen de las enormes máquinas que cosechan: engrasar rodamientos, cambiar correas, averías en el peine y en el corte, que se llene la tolva e ir a acarrear, etc. Trabajo no falta.

Eso nos ocurrió con Marcos Garcés, productor de cereal ecológico, cooperativista de Cereales Teruel y muy activo en diversos e interesantes proyectos. Nos quedamos con ganas de poder conocerlo, seguro que otra ocasión se nos ofrecerá en el camino. A quien sí tuvimos la suerte de conocer fue a Pilar Edo, también cooperativista en Cereales Teruel y una de las pocas mujeres que está al frente de una empresa familiar de cereales y ganadería extensiva. La historia de Pilar, como no puede ser de otra forma, es referente e inspiración para nosotras. Es arqueóloga y, tras terminar la carrera, estuvo trabajando 10 años entre Zaragoza, Pamplona y otros territorios. Con el boom de la construcción los estudios arqueológicos eran necesarios para el seguimiento de solares y carreteras. También estuvo participando en excavaciones históricas. Uno de los trabajos que Pilar recuerda con más cariño fue en Botorrita, Zaragoza, en el yacimiento de Contrebia Belaiska, una importante ciudad celtibérica.

En 2008, como flojeaba el trabajo pensó: «Me voy al pueblo, que es donde quiero estar. Con una mano delante y otra detrás, pero yo quiero estar en Bañón». Lo primero fue arreglar la casa de la abuela, donde se instaló.

Hacía años que era socia del Centro de Estudios del Jiloca, una asociación cultural que lleva más de dos décadas trabajando muy activamente en la difusión y promoción de la ciencia y la acción cultural, la protección del patrimonio histórico y el estudio y defensa de costumbres y tradiciones. Esta asociación tiene más de 1.000 socias que mantienen las publicaciones periódicas con fondos propios. Contrataron a Pilar para realizar un inventario y catalogación del hábitat disperso, las antiguas masadas y ventas, en el valle del Jiloca. En este estudio incluyeron también parte del patrimonio inmaterial recogido como tradición oral. Pilar estuvo vinculada laboralmente al Centro de Estudios hasta 2014, y hoy en día sigue colaborando, de hecho, es la secretaria de la asociación.

Ese 2014 marcó un momento decisivo en la vida de Pilar y su familia. Su hermano, que estaba al frente de la empresa familiar, falleció repentinamente. Fueron momentos dolorosos. Pilar decidió con fortaleza y firmeza ponerse al frente de las más de 200 hectáreas de cereal y la ganadería de ovino de la familia. En esos momentos no podía pensar en hacer otra cosa, no podía dejar que todo el trabajo de sus ancestros desapareciera. «Fue un refugio, así no me paraba a pensar en todo lo que había pasado. De alguna forma quería escabullirme del duelo y a la vez coger fuerzas». Pilar nos contaba que a ella la novedad y el reto siempre la han estimulado mucho. «Saber que eres una persona que has estado fuera, vuelves, y de repente el sector primario es una oportunidad laboral». La gente no se creía que una mujer se pudiera dedicar a eso. «¿Una mujer subida al tractor labrando, sembrando...?», le decían en el pueblo. «Para una mujer quizá hay cosas que son más difíciles, porque tenemos menos fuerza física, pero se puede suplir de otras maneras. A veces me tienen que ayudar, y así se genera entre ellos un compañerismo que de otra forma no tenían. En ningún momento me he visto sola». Nos contaba que siempre ha creído que podía y debía pedir ayuda.

Los primeros años todo era prueba y error. «Igual soy demasiado lanzada, un poco loca», «saldría mejor o peor, pero el punto de la ilusión es el que me movía», pensaba Pilar. El primer año recordaba que al sembrar no sabía si saldría o no y «lloraba al ver nacer la cebada». Y es que era su primera experiencia como agricultora. «Siempre me había gustado el campo y le decía a mi hermano de probar esto y aquello, pero nunca me había puesto a ello». Sus amigos la han ayudado mucho y siempre han estado ahí pendientes con las labores del campo y con la maquinaria. Y es que, para dedicarte a la agricultura, nos decía, «has de saber de todo: mecánica, soldadura, comercialización, manejo del campo, etc.». Pilar cuenta con una red sólida de gente que la apoya, la respalda y la admira. Nosotras mismas lo hemos podido comprobar, es conocida y querida por el Jiloca, de sus años con el Centro de Estudios moviéndose y llevando cultura a todos los rincones de la comarca. «Vais a ver a Pilar, ¡ay que maja es esa chica!», nos decían por Bañón y los distintos pueblos de la zona.

Aparte de los campos de cereal, también lleva un rebaño de 200 ovejas de raza rasa aragonesa. Su padre es el que pastorea diariamente. La rasa no puede estar estabulada, tienen que ramonear el campo porque si no les faltan nutrientes esenciales para estar sanas. Antes tenían más de 400 cabezas, pero al entrar Pilar redujeron el rebaño a la mitad. Plantan trigo, centeno, cebada, triticale y avena. La avena es semilla de la casa, que lleva con ellos muchas generaciones. Apostar por variedades locales, adaptadas a las condiciones de cada territorio, reduce sin duda los problemas asociados a su cultivo, favorece la biodiversidad cultivada y permite a quienes cultivan no depender de las grandes empresas de semillas. Toda la avena que cultivan está destinada a la alimentación del ganado, así como una parte del trigo y de la cebada y, por supuesto, la paja. El resto lo vende a la cooperativa. Formar parte de la cooperativa da seguridad y comodidad a quien produce: «Llegas, descargas y no te tienes que preocupar ni de atropar. Ellos se encargan de todo».

La maquinaria que se utiliza para el cultivo del cereal es impresionante. Son enormes, y ver a Pilar subida al tractor con la bañera llena de trigo preparada para descargar en el almacén no tiene igual. La acompañamos a cosechar sus campos de El Portillejo y nos decía: «Estos son los peores trigos que tengo, pero no voy a dejar de cultivarlos porque eran de mis abuelos. Por el apego que tengo a mi tierra, a mi pueblo, a eso que tantas generaciones han luchado».

Sobre el futuro en los pueblos «pues depende de cómo se levanta una», reía Pilar, porque hay luces y sombras.

Lo que marca la realidad es que hay mucha gente mayor, que se va yendo y que vivir únicamente del sector primario cada vez es más difícil, por las políticas agrarias, por la globalización y los mercados. Lo que no puede ser es que no nos paguen por nuestros productos lo que vale producirlos más un pequeño margen que nos permita llevar una vida digna. Y si no cambia, y esto no ha cambiado en la última PAC (Política Agraria Común), tengo incertidumbre para saber hacia dónde dirijo la explotación (...). Hay veces que no lo veo tan negro, porque siempre pienso que va a haber gente que se incorpore y siga con la agricultura de la familia. Sí que hay gente que quiere venir a vivir a los pueblos, pero comprar o alquilar una casa es muy difícil y hablando de tierras es prácticamente imposible. Las incorporaciones de jóvenes son complicadas si no tienes detrás una explotación familiar con la que continuar. Si has de empezar de cero es prácticamente inviable.

Pilar reflexionaba sobre el futuro, sobre que seguramente en los próximos años empezará a haber cambios. Son necesarias pequeñas iniciativas «y, sobre todo, proyectos que impliquen a la población, una cadena de servicios, una economía que revirtiera en la gente de pueblo. Esto está empezando a pasar, surgen pequeñas iniciativas, pero al final no son conocidas por el resto de la población y no prosperan. Y la otra alternativa en la zona son los macroproyectos, la energía solar, el macromatadero de Calamocha, parece que es el futuro que los políticos ven para nuestros pueblos. Pero es preferible que hubiera pequeñas cosas en todos los pueblos que un gran proyecto en el pueblo grande».

Pilar tiene muchas cosas en la cabeza, aunque no sabe para dónde va a tirar. «Pero lo que sí tengo claro es que me quiero quedar aquí y que espero que las cosas poco a poco vayan cambiando y vayamos consiguiendo lo que realmente queremos para nuestros pueblos. Que no sólo queremos que sea un sitio de descanso y de paz y que venga la gente de vacaciones, sino que esos segundos residentes y sus hijos también se impliquen y se le de poco a poco vida a estos pueblos. Porque la poca gente joven que hay tiene ganas, ha apostado por ello». Pilar es un ejemplo vivo de fuerza, tesón y valentía. Gran inspiración para nuestras próximas pedaladas.

Mucho futuro se esconde en esos Ojos Negros

En el mundo ciclista cuando nombras Ojos Negros lo primero que viene a la mente es la Vía Verde más larga de España. Una antigua vía de ferrocarril que unía la mina de Sierra Menera en Teruel con Sagunto para llevar el mineral de hierro que se extraía. Pero en Ojos Negros también se esconden otros secretos: las esculturas de piedra del pastor autodidacta Felipe Kpis y la tradición de las cabradas. Antiguamente, cada familia tenía dos o tres cabras para elaborar queso fresco para casa. Un cabrero se encargaba cada mañana de pastorear todas las cabras y, a última hora del día, las devolvía a su hogar. Esta tradición, como tantas, se había perdido y gracias a Verónica y Jesús el queso de cabra de Ojos Negros vuelve a estar en los platos.

Vero es de Ojos Negros, a los 16 años se fue a Teruel para estudiar el bachiller artístico. Continuó haciendo el grado de bellas artes y, al terminar, decidió volver a sus orígenes. Por aquel entonces ya salía con Jesús, de Villafranca, que desde los 16 años tuvo claro que quería dedicarse al campo y a los animales. Cuando Vero terminó los estudios en Teruel quiso volver al pueblo y emprender un proyecto en común. Entonces se preguntaron: «¿Qué podemos hacer para quedarnos en el pueblo?, ¿podríamos recuperar el queso fresco de cabra que se hacía en Ojos Negros?». Jesús nos dijo: «Mi familia siempre se ha dedicado al cereal y al ovino de carne. Toda la vida nos hemos esmerado en ser buenos agricultores y ganaderos y eso nunca llegaba al consumidor final. Cuando Vero volvió a vivir al pueblo decidimos cambiar las ovejas por cabras de leche para hacer queso». Vero añadió: «Transformar el producto y venderlo directamente es una manera de poner cara al agricultor». El queso de cabra Ojos Negros es de altísima calidad, se nota en su sabor y en lo bien que sienta en la digestión. Controlar el proceso desde la alimentación animal elaborando tu propio pienso, pastos y forrajes y pastorear diariamente el rebaño, para que esté sano y fuerte, que tome el sol y tenga aire limpio, es la clave. En las 120 hectáreas de las que disponen, Jesús planifica los cultivos en función de las necesidades alimentarias de las casi 700 cabras del rebaño. «Para sacar un producto de calidad es importante la salud de los animales y de las personas. Sacamos un queso así por el entorno, porque los animales están bien y las personas también. La gente no conoce todo el trabajo que hay detrás de los quesos. Tú vas a un supermercado y no puedes imaginar quién ha hecho eso y todo el trabajo que lleva», decía Jesús.

Empezaron elaborando el queso tradicional, un queso fresco compacto porque lo prensan con pañoleta. «Como tiene poco suero, la gente antiguamente lo freía para que aguantara más y lo llevaba al campo», nos contaba Vero. Progresivamente han ido incorporando más elaboraciones: queso semicurado, yogur y leche fresca. «Crecemos poco a poco; un afinador de quesos vino a nuestra quesería para asesorarnos sobre qué otros productos podíamos hacer con las instalaciones que teníamos. Esto ha sido muy útil porque durante el confinamiento hemos empezado con el queso semicurado para no tirar la leche». Muchas ganaderías se encontraron con el problema de que las centrales lecheras no les recogían la leche y, claro, los animales seguían dando leche a diario, no tienen un botón para pararlo. Transformar directamente tu materia prima te da autonomía, te permite adaptarte a los cambios.

Vero nos enseñó la quesería y nos fue explicando paso por paso cómo elaboran cada producto. «Me gusta mi trabajo, hacer quesos es un arte, una artesanía. Cambié los pinceles por la leche», decía Vero, feliz. Nos sorprendió gratamente la sencillez de las instalaciones y el ingenio de Jesús y Vero. Dentro de la cochera donde está la quesería hay dos contenedores frigoríficos de los que se utilizan para transportar carne. «Queríamos empezar con algo sencillo y Jesús, que es muy inquieto, vio que era una opción viable y segura». Uno de los contenedores se destina a la cuba de elaboración, manteniendo la temperatura constante con aire acondicionado. El otro se utiliza como cámara de maduración, con humidificador para tener la humedad también constante. «Nos ha ayudado mucha gente. Por ejemplo, nuestro amigo Samuel ha diseñado un aparato que permite simular un horno incubador de yogures a partir de una nevera vieja. Y también conseguimos controlar la pasteurización del yogur gracias a un invento suyo a partir de una máquina que no se utilizaba para eso».

«Este proyecto no hubiera sido posible sin un montón de gente que ha creído en nosotros y nos ha ayudado, empezando por la familia». Estando en la ganadería tuvimos la suerte de conocer a Jesús García padre, que nos dijo: «Son muy valientes, yo si veo a mi hijo feliz, lo apoyaré siempre». Concha, la madre de Vero, también estaba orgullosa de su hija. Nos enseñó algunos cuadros suyos y dijo: «Estoy feliz de que mi hija se quede en el pueblo y esté haciendo lo que ella quiere». Y es que las dos familias siempre han apoyado las decisiones que han tomado, aunque se saliesen de lo corriente. Vero también nos decía que desde el grupo de acción local ADRI Jiloca-Gallocanta hay personas que les han ayudado mucho. «Se han convertido en amigas, veíamos cómo se preocupaban e incluso se llevaban quebraderos de cabeza a casa». Quesos Ojos Negros es la primera quesería artesanal de la oficina comarcal agraria de la zona y todo era nuevo también para ellos. Han tenido que hacer muchísimos papeleos y toparse con normativas que no se adaptan a la realidad de los pueblos. No es lo mismo montar una quesería aquí que en Madrid. Por suerte, a nivel municipal se han encontrado con alianzas. Incluso, se tuvo que modificar la normativa de urbanismo municipal para que esta pequeña quesería pudiera quedarse en Ojos Negros. A día de hoy están construyendo una quesería de obra nueva a la entrada del pueblo. «Cuando fuimos a los bancos para pedir financiación, te hacen sentir mal y dudas de todo». Pero Vero, Jesús, sus familias y las gentes que les quieren confían en ellos y les apoyan.

Y es que Ojos Negros se mueve. Tuvimos la inmensa suerte de compartir una tarde con Marta, que es la alcaldesa, las Begos, madre e hija, Belén y María Rosa. Nos contaban que hay muchas asociaciones: la de Amas de Casa, la asociación del gimnasio de Ojos Negros, que se montó por vecinas y vecinos, la biblioteca, la asociación del Santo Cristo y la de la Vía Verde. Aparte, está la batucada Ojos Negros que son unas 40 personas entre los 18 y 67 años de edad. Ensayan todos los viernes de 20 a 23h creando un espacio de encuentro intergeneracional. Vero y Jesús también participan y nos dijeron: «La batucada es fantástica porque casi todos hemos empezado desde cero y estamos aprendiendo juntos poco a poco. Eso hace que te sientas parte del grupo. La música suena porque todos ponemos nuestra energía. No es lo mismo juntarse en el bar que venir aquí para compartir». También está el grupo de gimnasia de mantenimiento donde se animan las mujeres, pero es mucho más que eso, «es un grupo de apoyo emocional, tú vas ahí y sueltas tu retahíla. Se establecen vínculos con gentes que no son tus vecinas, ni tus amigas... y así se van creando lazos. Vas buscando grupos de apoyo», nos contaba Bego. «Somos las gimnastas cafeteras con una magdalena», se reían. Hace unos años, una de las cuñadas de Bego y sus dos hermanas decidieron quedarse en el pueblo y regentar la panadería Rubio, una pequeña cafetería que «da mucha vida a las mujeres mayores del pueblo». Allí se reúnen, charlan y ríen. «Los hombres tenían su espacio en la partida, ¿y las mujeres?».

En Ojos Negros la gente se queda porque se siente de ahí, «los jóvenes se quedan porque quieren y pueden. Antes te quedabas obligado y ahora me quedo porque quiero». «Hay futuro en el pueblo mientras haya gente valiente que se embarque en proyectos valientes y, además, gracias a que viene gente de fuera que se siente de aquí», reflexionaban entre todas. En las últimas elecciones estuvieron a punto de quedarse sin alcaldía porque nadie quería presentarse. Entonces los jóvenes dijeron «no va a haber listas, ¡esto no puede ser! No podemos pasar a depender de otro municipio» y lanzaron la idea de hacer listas completamente abiertas entre todas las vecinas y vecinos del pueblo. Se juntaron en asamblea y cada persona votó a otras diez que consideraba las más adecuadas. Ahí, apareció una lista de veinte personas en la que Marta, la actual alcaldesa, era ya la más votada, aunque no encabezó lista por elección común. Por vicisitudes de la vida, este pasado mayo ha pasado a ser la primera. «Lo que hemos empezado, tenemos que terminarlo. Es una cuestión de responsabilidad», decía Marta. Este método iba vinculado a un sistema participativo en el que se organizaron tres grupos de trabajo para ir lanzando propuestas al ayuntamiento: grupo de agricultura, ganadería y caza; grupo de infraestructura y urbanismo; y grupo de turismo, cultura, bienestar social y otros. La COVID

43

ha hecho que los grupos bajen el ritmo, pero estamos convencidas de que la fuerza de estas mujeres y la potencia de la propuesta harán que se reactiven pronto. Nos ha encantado conocer a Marta, una alcaldesa con mucho carisma y compromiso. Las mujeres son esenciales en los pueblos y no solo para tener hijos, como antes se decía. María Rosa, que trabajó durante un tiempo en el ADRI Jiloca-Gallocanta, recordaba que hace 20 años ya hicieron el primer encuentro de alcaldesas rurales en Daroca y se concluyó que «es importante que las mujeres se retroalimenten, que conozcan otras experiencias de mujeres como ellas que les sirvan de ejemplo. Si no se habla, no se ve y no existe».

Quien sí existe y se le ve y se le quiere es a Vero. Sus amigas nos decían: «Vero es de dar refuerzo positivo, es persona vitamina». Preguntando a Vero sobre cómo ve el mundo rural nos decía que «cada uno aportamos nuestro granito de arena, y en el mundo rural se ve más porque somos menos. Si uno se empeña y pone amor en las cosas que hace se consigue lo que uno busca, con buena fe». Y Jesús añadía: «Esta forma de vivir saca lo mejor de ti. No es lo mismo trabajar ocho horas aquí que en una ciudad. Eso sí, hay que discurrir y buscar la manera. Las cosas se pueden hacer: es dar un paso al vacío y luego van saliendo manos que te sustentan». Jesús tiene una sensibilidad especial. Nos sorprendimos viendo lo tranquilas que estaban las cabras y cómo estaban pendientes de Jesús. Él vibra en su frecuencia, las entiende y «las cuida y acompaña como si fuesen su familia porque son su responsabilidad», decía Vero. La conexión de Jesús con los animales es desde siempre. A los 15 años se compró un libro y aprendió a domar caballos. Desde entonces también ha estado cerca de ellos en todo tipo de actividades. Entre risas, Vero y Jesús recordaban cuando Jesús protagonizó el corto Tu hora, de Lonely Lands, una iniciativa para promocionar los increíbles paisajes de Teruel como escenarios para películas. Y también sus andanzas con los Caballeros de Jiloca recreando escenas históricas con sus caballos.

Terminamos nuestra visita a la comarca del Jiloca en esta población y nos vamos llenas de amor e ilusión. Seguro que para cuando volvamos (porque vamos a volver) estará ya terminada la nueva quesería que recibirá a los visitantes del pueblo con un precioso mural obra de Vero.

20 de julio de 2021, Bronchales

Sueños de altura

¿Sabíais que cuatro de los cinco pueblos ubicados a mayor altitud en la Península Ibérica están en la provincia de Teruel? Bronchales es el cuarto, con 1.569 m, en la Sierra de Albarracín. A principios del siglo XX, por la calidad de su aire, era ya un destino recomendado para pacientes con dolencias respiratorias. Principalmente gente de la aristocracia y burguesía valenciana venía a hacer estancias para recuperar la salud. Pasaron las décadas y las estancias residenciales en este pueblo se mantuvieron. Desde entonces, Bronchales ha seguido siendo un destino turístico importante y muchas familias han mantenido su vinculación. Ahora, son atletas de alto nivel quienes vienen a entrenarse en estos parajes por la pureza de su aire y la altura.

Muchas familias venían a acampar por la belleza de su entorno de pinos centenarios dentro de los Montes Universales. A 1,5 km de Bronchales, subiendo hacia Sierra Alta, está el paraje de Las Corralizas, donde siempre se había hecho acampada libre. Para controlar el impacto negativo de los campistas en el entorno, el ayuntamiento, propietario de este paraje, lo catalogó como zona de acampada y sacó a concurso la gestión. Por aquel entonces, Jorge, con 19 años y cansado de pasar los veranos trabajando de peón con su padre y su hermano, vio en Las Corralizas una oportunidad. Estaba todo por hacer y Jorge con sus ideas y su empeño fue mejorándolo poco a poco. La primera, poner dos calentadores a gas que funcionaban con monedas de veinte duros junto al servicio de limpieza y venta de productos de primera necesidad. «Yo iba todos los días a cada tienda con una riñonera y un cuadernillo para cobrar. Todo el mundo me conocía y alguno se me escapaba», recordaba Jorge. Sus padres, Pilar y Antonio, le ayudaban en todo momento, eran sus trabajadores no asalariados, como él mismo. Ahí empezó el recorrido del actual Camping Las Corralizas.

Jorge siguió haciendo mejoras y uno de los grandes pasos fue cuando llegó la obligatoriedad de transformar los terrenos de acampada en cam-

45

pings. «Fue entonces cuando empecé a pensar en esto como una salida profesional. Tenía buen trato con la gente y me gustaba. Así que me fui a estudiar turismo a Valencia». A punto de terminar, cuando solo le quedaba la asignatura de francés, decidió pasar los meses de invierno trabajando en un albergue en los Alpes. La experiencia fue inmejorable y desde ese momento su pasión por conocer nuevos lugares, culturas e idiomas, aprovechando el parón invernal de Las Corralizas, le ha acompañado: Francia, Escocia, Andorra, Uruguay, México, etc. Eso sí, con la mente inquieta siempre volviendo a Bronchales cargado de nuevas ideas.

La ampliación de las infraestructuras del camping Las Corralizas ha sido imparable: construir un pequeño restaurante, distintas zonas de aseos e incluso instalar *bungalows* de madera que le permiten ampliar la temporada para ofrecer alojamientos en invierno a un número reducido de clientes. Es un lugar muy especial que guarda los valores de la acampada libre. Así nos lo contaba Jorge: «Las Corralizas es un paraje natural, 85.000 m² de bosque. Normalmente en los campings primero se hacen las instalaciones y luego se plantan los árboles. Aquí había un bosque y nosotros hemos introducido un camping dentro». Así es, durante nuestra estancia pudimos observar que esa naturaleza es intrínseca. «Estamos intentando respetar al máximo como esto ha sido siempre». En el camping no existe parcelación, aunque sí organización, y cuando termina la temporada las tiendas y las caravanas desaparecen quedando solo las infraestructuras mínimas y el bosque vuelve a ser propiedad de la fauna autóctona: ciervos, cabras, zorros, corzos, etc. Pasamos allá un par de días y la verdad es que nos encantó, muy cómodo, con sombra todo el día y terrazas niveladas para poner la tienda.

El camping Las Corralizas es el que está situado a mayor altitud en España. «Nadie está tan loco como para montarlo arriba del todo», reía Jorge. Pero esta no es la única de sus locuras. Las Corralizas es un camping tecnológico, tiene una conectividad de alta velocidad a través de más de ocho km de fibra óptica y equipos potentes para agregar ancho de banda. Y es que, en realidad, Jorge empezó estudiando teleco porque siempre le han fascinado la física, los ordenadores y la tecnología. Quizá le influyó conocer a Eduardo, ingeniero de telecomunicaciones de profesión, que venía con su pareja, Mª Teresa, y sus hijos, a pasar el verano a Bronchales.

Como otras familias del pueblo, las más humildes, la familia de Jorge se trasladaba al pajar y les alquilaba la casa. Jorge, de bien pequeño, pasaba el verano persiguiendo a los niños de la capital que llegaban con su ordenador Spectrum y sus videojuegos. «Conservar el entorno natural es el principal valor y hay que nutrirlo con tecnología, con una buena conexión a internet por tres motivos: dar conexión de calidad al cliente, monitorizar los procesos vitales del camping que mejora la calidad de vida de quien trabaja y crear una oportunidad para lo rural, para estar a la altura de cualquier instalación en cualquier parte del mundo. Porque las nuevas generaciones están impregnadas de tecnología y así pueden experimentar esta tecnología en un entorno rural. ¿Y por qué no la celebración de un evento tecnológico de alto nivel en un entorno como éste?».

47

No puede parar de imaginar proyectos. «Siempre tengo futuribles en mente», nos comenta. Él es ante todo emprendedor. Nos decía lo siguiente: «Ser empresario es llevar una empresa, con todas sus acepciones. No sabes dónde vas a llegar, tienes incertidumbres y, a la vez, satisfacción al ver que las cosas avanzan y prosperan». La ilusión, el tesón y la confianza en los sueños son un motor muy potente que impulsa proyectos únicos. Esos proyectos que van trazando un futuro prometedor para las zonas rurales, y que nacen de mentes inquietas y sensibles como las de las siguientes protagonistas.

Valero y Laura son de Bronchales y nunca han dudado de que querían quedarse en su pueblo, juntas forman Espelta de Albarracín. Valero desde niño ya decía a sus amigos: «Yo de mayor quiero ser agricultor ecológico». Su familia se había dedicado de siempre al ganado y él, consciente del compromiso y dedicación que implican los animales, prefirió apostar por la agricultura, eso sí con algunas vacas para no perder la vinculación con la ganadería, tan necesaria para mantener una agricultura equilibrada. Decidió coger rentos de mayores del pueblo que se jubilaban y empezar con los cereales y, por supuesto, seguir haciendo trabajos con la maquinaria para completar la economía familiar. En total, actualmente, lleva 320 hectáreas que arrienda a distintos propietarios. Como nos decía Laura, la agricultura es sacrificada e incierta: «Desde que se siembra en octubre hasta que se cosecha a principios de agosto has de estar mirando al cielo cada día». Y es que los campos que cultiva Valero están a casi 1.600 m de altitud y son, sin duda, los que más tarde se cosechan de toda la península. En Bronchales, las condiciones climáticas son extremas. «Para nosotros aquí la Filomena es todos los años», bromeaba. «Con las condiciones que tenemos en este territorio las producciones son muy bajas. La agricultura salvaje (agroindustrial) en zonas de baja productividad no funciona, lo único que hace es degenerar el suelo. Hay que buscar alternativas, si no nuestros hijos ¿qué van a hacer?».

Valero es inquieto y autodidacta. Experimenta y busca alternativas a los problemas y dificultades que van apareciendo. Ha probado infinidad de cultivos que se puedan adaptar a las bajas temperaturas y a los ataques de la fauna salvaje. «Por aquí cada vez hay más ciervos que se lo comen todo, es un problema grande. Hasta probamos cártamo, un cultivo parecido al cardo, pensando que esto los detendría, pero se comieron todos los cogollos». Han apostado por las variedades antiguas, menos productivas, pero mucho más rústicas que se adaptan mejor a las condiciones. Para Valero, la opción más segura, por ahora, ha sido la espelta, la reina de los cereales.

La espelta, Triticum spelta, es un trigo antiguo adaptado a climas húmedos, fríos y suelos duros. Estuvimos visitando sus campos de espigas muy altas y lustrosas. Valero nos contaba: «La espelta es inteligente, además de guapa. Solo da el salto al espigado cuando tiene las condiciones idóneas. El resto de los cereales espigan cuando llega su ciclo, en cambio la espelta se espera. Así lo que consigue es un espigado óptimo». Además, las características de la propia espelta y su cultivo a gran altitud, como en Bronchales, la hacen mucho más resistente a las plagas, enfermedades y parásitos. Esto permite que el cereal conserve mejor sus propiedades y nutrientes. ¡Gran descubrimiento! Hemos tenido la suerte de comer la pasta de espelta de Albarracín durante varios días esta ruta. Es deliciosa, la digestión no es nada pesada y nos ha dado un montón de energía para pedalear.

La espelta, además de las propiedades agronómicas, tiene un gran valor nutricional. Laura nos contaba que «tiene menos proporción de gluten, es más rica en fibra y vitaminas lo que la hace mucho más digestiva y nutritiva e ideal para los intolerantes». Y añadía: «Muchos deportistas que vienen a entrenar a Bronchales tienen la espelta incluida en sus dietas».

Laura y Valero quieren que su amor por la espelta llegue al plato. Por eso, desde el año 2012 la transforman en harina y hacen pasta seca que envasan en Bronchales y comercializan en mercados, grupos de consumo, tiendas de la zona y pedidos *online*. A día de hoy, el proceso de transformación no lo pueden hacer ellos, aunque es su sueño. La espelta, al igual que el arroz, tiene una cascarilla que envuelve el grano y, por tanto, la transformación requiere maquinaria específica.

«Yo no puedo entender el futuro de la agricultura si no es en ecológico. Hemos de poner nuestra vista en el suelo, hay que regenerarlo, hay que aprender. En agricultura, y más en ecológico, todos los días se está aprendiendo», reflexionaba Valero. Su proyecto sigue adelante con fuerza, quieren incorporar más variedades antiguas en sus tierras y poder cerrar el ciclo: utilizar el estiércol compostado de sus animales para fertilizar los campos, producir cereal de calidad, transformarlo y alimentar de manera sana y justa. A Laura y a Valero se les ilumina la cara cuando hablan de su sueño, de poder tener en Bronchales su central de transformación con una descascarilladora y un molino para hacer harina de espelta y que su cuñada, en la panadería que hace poco ha cogido, haga pan de excelente calidad. Están en ello, confiamos que los fondos Next Generation apuesten por este tipo de proyectos.

Seguimos nuestro camino por la comarca de Sierra de Albarracín deseosas de encontrarnos con personas como Laura, Jorge y Valero que, como decía Valero, ponen el foco en los recursos del territorio, «haciendo de estos pueblos una forma de vida mejor». Porque los cambios han de venir desde los pueblos y en Bronchales se está demostrando.

El valor de los recursos y las tradiciones

Los Montes Universales y la Sierra de Albarracín albergan recursos naturales, paisajes y tradiciones culturales muy valiosas. Una gestión racional de estos recursos ha permitido sostener generaciones y generaciones asentadas en estos territorios. La ganadería tenía un peso fundamental. Se tomaban decisiones a través de las mestas, reuniones de ganaderos en las que se disponía sobre los animales extraviados y se trataban otros asuntos pastoriles. Y aquí llegamos para conocer de cerca la Sierra de Albarracín, Guadalaviar y la ganadería extensiva, en especial, la trashumancia, un elemento central en la organización social de estos montes.

En Guadalaviar se encuentra el Museo de la Trashumancia y la vida tradicional en los Montes Universales. Allí nos entrevistamos con Javier, historiador de formación, violero de vocación y profesión y, ante todo, hijo de Guadalaviar. Convencido del gran valor patrimonial que aporta la trashumancia, redactó los proyectos museográfico y museológico. Inaugurado en el año 2001, es un pequeño museo municipal diseñado con enfoque moderno y eminentemente didáctico. Se puede encontrar infinidad de contenido en distintos campos: la historia, la antropología, la etnografía, la sociología, la etnoveterinaria, etc. «Vinculamos a un grupo de jóvenes del pueblo con el museo y fueron quienes se encargaron de entrevistar y grabar a las personas mayores de la zona para recoger la información que actualmente se puede escuchar en el museo», recalcaba Javier. Es esencial recoger, documentar y divulgar el patrimonio inmaterial asociado a los saberes tradicionales, como ya vimos con Lecciones en conserva.[3]

---

3. Véase el cuaderno de campo de Blancas.

Javier detalla el objetivo del museo: «No queríamos que fuese un espacio donde solo se acumulasen objetos antiguos. Queríamos que el museo fuese motor de dinamización no solo cultural sino también económica y social, un motor de desarrollo. Además, era importante preservar y transmitir el legado cultural y el patrimonio natural protegido por las prácticas tradicionales». Dicho y hecho. Se constituyó el Centro de Estudios de la Trashumancia y también se organizó en Guadalaviar, durante once años consecutivos, el Encuentro Tradicional de Pastores Nómadas y Trashumantes, donde se hacían actividades y concursos para los trashumantes locales e invitaban a pueblos nómadas y pastores: pigmeos, tuaregs, bereberes, masáis, lapones, mongoles, indios crown americanos... «Queríamos buscar las semejanzas en puntos muy lejanos al nuestro». Aunque es un pequeño museo local siempre ha demostrado vocación universalista. Desde el museo crearon la Red Europea de Museos Pastoriles en colaboración con museos de Laponia, Francia, Hungría, Baviera e Italia. Incluso se movilizaron para que la trashumancia fuese declarada Bien de Interés Cultural (BIC) por el Gobierno de Aragón, el primer BIC en Aragón asociado al patrimonio inmaterial. La trashumancia es un claro ejemplo de un sistema natural y social que se ajusta a los ciclos naturales con un aprendizaje adaptativo a lo largo de generaciones.

Tuvimos la suerte de compartir nuestra estancia con María y Andrés, cabezas de la familia Belenchón Rodríguez, su hija María y su nieta Andrea. Los Belenchones son una de las familias que hace la trashumancia por la Cañada Real conquense. Recorren 457 km y cruzan tres comunidades autónomas entre Guadalaviar (Aragón) y La Carolina (Jaén). En su trashumancia se juntan cuatro núcleos familiares y en el viaje participan: 240 vacas, terneros y toros, 3.000 ovejas, 12 caballos, 25 perros y unas 12 personas. El camino se recorre a pie en unos 28 días con tramos de 15-20 km diarios. «Principalmente dormimos en tienda de campaña porque la mayoría de los refugios tienen las cubiertas destrozadas. Yo soy la encargada de preparar la comida y de ir con el hato. Vamos delante contactando con los ayuntamientos, buscando lugares donde asearnos», contaba María. El hato antiguamente lo llevaban burros y era todo lo necesario para la intendencia. Actualmente lo lleva un coche con remolque.

51

La trashumancia sigue el modelo de movimiento migratorio de los grandes herbívoros que se trasladan entre las zonas altas y del norte en verano a zonas bajas y del sur en invierno. «Cuando trashumamos queremos evitar las dos estaciones extremas del año: invierno y verano, e intentamos alargar la primavera que es cuando los animales tienen buen pasto. Cuando aquí hace frío nos bajamos al sur, hacia principios de noviembre. Y cuando en el sur empieza a hacer calor, en junio, nos subimos a los pastos más frescos», explicaba Andrés. «De esta manera pastoreamos todo el año y los animales no tienen que estar estabulados. Tienen buena comida y están sanos, buscamos su bienestar», decía María madre. El manejo de la trashumancia es distinto en cada estación. María relata que en otoño aprovechan las horas de luz y en junio hacen lo siguiente: «Se madruga más, se hace el sestero y luego se vuelve a andar para llegar al dormitorio. Donde se hace el sestero de primavera es donde dormimos en otoño». Las personas trashumantes con sus animales siguen los ciclos naturales de horas de luz. «La trashumancia crea red y es una mezcla de culturas», dijo María madre. Y su hija añadió: «De pueblo a pueblo se van avisando y nos esperan. Si pasamos en horas de escuela los maestros sacan al alumnado para que nos vean pasar». «Es una forma de vida, una doble vida. Hemos de mantener dos casas, una en Guadalaviar y otra en La Carolina», concluía María madre. María hija explicaba: «Yo me siento de los dos sitios, que no me quiten ninguno de los dos».

María nació en El Porrosillo (Jaén) y nos decía riendo: «Ya casi me siento de aquí, aunque mi habla andaluza no la he perdido». Conoció a Andrés cuando él hacía la trashumancia con su familia a Jaén. Llevaban ya varias generaciones con ovejas merinas cuando él, con 11 años, los convenció para que empezasen con vacas. Andrés relata su historia: «Mi padre compró doce becerras y el vecino que nos las vendió me dijo que yo tenía que ser el vaquero. Y así fue. Con 14 años ya hice la trashumancia entera y desde entonces no me imagino otra forma de vida». Con él pudimos ver el amor por la trashumancia. «Para este trabajo o tienes amor o no lo puedes aguantar. En esta sierra, no hay otra cosa. La agricultura rinde poco y los ciervos tampoco ayudan».

María se unió a los Belenchones cuando se casó con Andrés. Los primeros años, con sus hijos pequeños, no podía hacer la trashumancia completa. «La primera vez que la hice pude poner imágenes a todos los parajes de los que me había hablado Andrés», contaba emocionada. Y es que en la trashumancia las personas se integran en el territorio, en la cultura y en el paisaje.

Andrés y María relataban con sensación agridulce que su hija ahora tiene su propio ganado. «Estamos felices por ver que la familia y la tradición siguen, pero nos da pena porque esto es muy duro». María nos contaba que se incorporó hace 5 años cuando se quedó embarazada, deseaba tener algo propio en el pueblo. Fue un momento complicado, recuerda María madre. «Coincidió con que Andrés cayó enfermó, pero con toda su sabiduría y la fuerza de mis hijos, esto no puede ir mal». Ahora es Andrés hijo quien también está tramitando la incorporación. María hija contaba: «Los jóvenes lo tenemos difícil porque no hay pastos disponibles. Los derechos los tenemos al incorporarnos, pero los pastos se tienen que pedir en los ayuntamientos y nos dicen que no hay suficientes». Los padres, Andrés y María, añadían: «Esto ha cambiado mucho en los últimos 10-15 años. Dicen que los pueblos se quedan sin gente, y los jóvenes que quieren quedarse no encuentran más que pegas. ¿Cómo van a salir así adelante?, si desde los pueblos no defendemos lo nuestro, ¿dónde vamos a ir a parar?». María hija había visto este trabajo toda la vida y orgullosa explicaba: «Yo trabajo con gusto, sabía dónde me metía. Mis padres me dieron la opción de irme y decidí quedarme. Me gusta el mes de la trashumancia, es duro, pero lo disfruto».

La ganadería extensiva, y en concreto la trashumancia, hace una labor tangible e intangible necesarias en nuestros territorios. Andrés nos dijo que los fuegos se apagan en invierno y que la labor desbrozadora del ganado es indiscutible. Los datos constatan lo siguiente: «Los municipios de la Sierra de Albarracín que mantienen carga por encima de las 100 unidades de ganado mayor por cada 1.000 hectáreas han sufrido un 40 % menos de incendios en los últimos diez años y el tamaño medio de los incendios ha sido cuatro veces menor». Elisa Oteros, investigadora de la cátedra de agroecología y sistemas alimentarios de la Universidad de Vic, que realizó su tesis doctoral sobre la trashumancia en la Cañada Real conquense, de la mano de los Belenchones, nos contaba: «La trashumancia ha de-

53

mostrado ser, no sólo una estrategia adaptativa en sí misma (basada en la movilidad), sino un reservorio de conocimiento ecológico tradicional valioso para la adaptación al cambio global». Hay más datos relevantes sobre el impacto de la trashumancia: los suelos de las vías pecuarias pueden acumular un 29 % más de agua y tienen un 28 % más de contenido en carbono orgánico que los de los cultivos circundantes; la trashumancia mejora la conectividad ecológica del territorio a través de 9.000 hectáreas de bosques e incluso se destaca su valor como patrimonio cultural y factor de atracción de turismo en la zona de agostada. ¿Cómo no vamos a apoyar la ganadería extensiva trashumante? Elisa Oteros remarcaba en su tesis doctoral cuatro propuestas para que la trashumancia perviva: la implementación de esquemas de pagos por servicios ambientales, la mejora de la coordinación institucional y el fortalecimiento del capital social entre los trashumantes, la mejora de la comercialización de los productos y la restauración y conservación de las vías pecuarias.

La trashumancia a pie es el factor que más contribuye a la conservación del conocimiento ecológico tradicional y a fortalecer la capacidad adaptativa de las sociedades agrarias para lidiar con el cambio ambiental global. Andrés contaba que su familia, durante un tiempo, hacía el viaje en tren hasta que «en 1995 retiraron los trenes para ganado». Y añade: «Entonces empezamos a hacerlo con camiones, pero no era rentable. O dejábamos los camiones o terminábamos de ser ganaderos». Todavía hay familias que hacen la trashumancia con camiones porque, aunque requiere más inversión económica, se puede hacer con menos personas. No se puede comparar el impacto positivo de la trashumancia a pie, pero para ello es esencial mantener las condiciones necesarias para la movilidad de los rebaños. En los últimos años han aparecido proyectos de apoyo a la mejora de las infraestructuras de las vías pecuarias. Pero no sólo es eso. Como nos decía María, estas energías no tendrán el efecto deseado si no se apoyan a su vez las otras facetas de la vida trashumante: «Toda la burocracia que hacemos me cansa más que tres días de pastoreo».

El ecosistema de la Sierra de Albarracín permite, además de una actividad ganadera muy valiosa y valorada, la utilización de los recursos forestales. La actividad forestal ha modelado decisivamente el paisaje. En siglos pasados las extracciones de madera eran poco significativas, reducidas a escasos usos madereros y transportadas por los ríos. El aprovechamiento de la madera, los recursos micológicos, y la reserva nacional de caza dotan de riqueza a estas tierras. La producción agrícola de cereales y forraje ha sido siempre un complemento necesario. La convivencia entre las distintas actividades, la protección de los recursos y la conservación de los ecosistemas y del paisaje son esenciales para permitir la sostenibilidad y la calidad de vida de los habitantes. En este territorio hemos encontrado opiniones polarizadas en relación al modelo de gestión más pertinente. Es complejo, hay muchas variables a tener en cuenta y no es fácil construir espacios de encuentro para compartir opiniones y buscar un futuro común.

Estas dificultades nos recuerdan a la solución de diálogo y consenso a la que llegaron en el Sobrarbe, a través de mesas de concertación para poder hacer un uso equitativo y beneficioso para todas las partes de sus espacios naturales. La base para poder proponer y tomar decisiones que beneficien al territorio a medio y largo plazo es el acceso a datos e información rigurosa. No se puede permitir —lo vimos también en la anterior ruta—, que la riqueza de los recursos se deslocalice en favor de grandes empresas que benefician a unos pocos. Es urgente recuperar la autonomía de los territorios rurales en la gestión de recursos, como hablamos con los hermanos Niembro en Asiego.[4] Por eso, un pueblo organizado, informado y con espíritu crítico es la clave para construir modelos de gobernanza en el mundo rural. El camino es defender la transparencia y «fomentar el nacimiento de personas autónomas, responsables y autosuficientes, que caminan por la vida seguras», como nos decía Francisco en Fabara.[5]

---

4. Véase el libro *Biela y Tierra en ruta* (p. 142).
5. Véase el libro *Biela y Tierra en ruta* (p. 317).

Altura para el conocimiento tradicional

Aunque no lo parezca, la Sierra de Albarracín no son solo montañas y peñas, también hay fértiles valles donde la huerta y la fruta eran esenciales hace años. Jesús, conocido en Albarracín como China, de la familia Los Sartenillas, nos lo contaba: «Yo de joven trabajaba con un frutero que compraba la fruta en flor. Íbamos por todos los pueblos de la zona: Torres, Tramacastilla, Royuela, Albarracín... La fruta se guardaba en el edificio de la antigua cárcel, en el seminario o en los escolapios, porque no había cámaras frigoríficas». Se buscaban edificios que tuvieran mucha capacidad para almacenar y conservar la fruta. La Sierra de Albarracín era un centro de producción y distribución: «Recogíamos la fruta que llegaba en los bajos del ayuntamiento, algunas veces la traían de la zona del río Jalón. Las mujeres eran las encargadas de envasarla. Venía el camión de carga y la llevaba a Valencia». Jesús recuerda todavía muchos de esos frutales: pera malacara, redonda, de roma, de botella, manzana normanda, emperatriz, esperiega, otel... Muchas de estas han dejado de estar disponibles en el mercado porque las variedades comerciales se han impuesto.

«Había escaleras de 30 y tantos palos de pino albar, de madera buena, y se utilizaban para recoger la fruta. La fruta generaba economía en los pueblos de la zona. Desde que empezaron los tractores se acabó lo de la fruta», recordaba China, melancólico. Tradicionalmente el cultivo de frutales se daba en las zonas altas y la vega quedaba para huerta, forraje y otros cultivos extensivos. La fruta de altura es de gran calidad por las condiciones climatológicas, es más crocante y tiene más concentración de azúcares. Cuando pruebas una manzana o una pera cultivada en montaña notas la diferencia. Con las bajas temperaturas, el ciclo de las posibles plagas se controla más y se tienen menos problemas de ataques, por eso se necesitan menos fitosanitarios. La orografía determina que las fincas de frutales en montaña hayan sido tradicionalmente pequeñas. Producir en estas zonas no es sencillo, las condiciones climatológicas merman mucho las producciones, se ha de estar muy pendiente del tiempo para actuar cuando llegan las heladas y, aun así, hay años en los que no se recoge nada. Con la mecanización y el cultivo intensivo de frutales, las producciones se trasladaron a las zonas más llanas de los valles, con acceso más sencillo para la maquinaria y en esas zonas se establecieron grandes fincas.

El valle del Ebro es un claro ejemplo: nuevos patrones de árboles pequeños para facilitar la recolección, variedades muy productivas, grandes extensiones de monocultivos, aumento de la producción total de fruta y todo esto asociado al uso de maquinaria y grandes cantidades de fitosanitarios para controlar las plagas que aparecen con este tipo de manejo. Estas enormes producciones llegan en momentos muy concretos, por lo que el uso de grandes cámaras frigoríficas para conservarlas se vuelve imprescindible. Todo esto hizo que cambiase completamente el sector de la producción de fruta y que las pequeñas fincas de montaña no pudieran competir frente a ese modelo. Progresivamente, fue desapareciendo la producción de fruta para comercializar en la zona de Albarracín y, con ella, la biodiversidad cultivada que se conservaba. Ahora es casi imposible encontrar esas variedades tradicionales que han acompañado la historia de nuestros pueblos durante las tardes de otoño.

«Ahora no hay problema, coges la fruta verde y la cargas a las cámaras», nos decía Jesús. Y claro, no es de extrañar que a los jóvenes no les guste la fruta, es que no sabe a nada. «Para mí la mejor era la manzana emperatriz, pequeñita y roja», nos dijo Pura, la mujer de Jesús. Las variedades tradicionales forman parte de la cultura y la historia de los territorios, conforman los recuerdos y las sensaciones. Nos trasladan a aquellos momentos en los que conocer los recursos propios de cada lugar era básico para la vida de cada pueblo. Pero esto no es solamente una reflexión nostálgica, las variedades tradicionales permiten tener acceso y conservar la diversidad genética que favorece la aparición de nuevas características en los cultivos y los hacen capaces de adaptarse a nuevas condiciones climáticas. Y, precisamente en esa situación estamos ahora. «Todo ha cambiado mucho.

Ahora hay más cosas, pero hay menos vida», reflexionaba Pura recordando la vida de Albarracín cuando se llenaba de fruta.

Jesús, trabajando con el frutero, aprendió mucho y en los 60 se fue a Lleida a hacer un curso. Aprendió de poda y luego lo aplicó en la vega, donde conservaba sus frutales. «Me llamaba mucha gente para que les injertase, se me daba bien. Algunos me conocen como el maestro». Y maestro ha seguido siendo y por esta razón, contactamos con él a través de Alberto. «Yo con el China he aprendido un montón. Lo conocí cuando trabajaba en el ayuntamiento de Albarracín y cuando empecé con el proyecto de los frutales en Tramacastilla no dudé en pedirle ayuda», nos contaba Alberto, que vive y es de Guadalaviar. Hacia 2016 empezó a trabajar en el proyecto Fruter con el Centro de Investigación y Tecnología Agroalimentaria de Aragón (CITA) para hacer una prospección e identificación de variedades tradicionales de fruta con el objetivo de fomentar su implantación comercial en la zona. «Me recorrí todos los pueblos de la sierra que tienen algo de frutales y, como soy de la zona y la gente ya me conocía, me abrieron las puertas de sus casas y sus huertas. Me encantó escuchar a los mayores, que me contasen y me llevaran a ver esos árboles, que en muchas ocasiones estaban abandonados». Alberto ya había participado en otros estudios para recuperar el patrimonio de la zona como el que se hizo en el Museo de la Trashumancia en Guadalaviar.[6]

Tras esta prospección, en el CITA llevaron a cabo análisis moleculares para constatar la singularidad de las frutas y, en total, se identificaron 19 tipos de ciruelos propios, 18 de manzanos y 22 de perales. Los contactos de Alberto permitieron encontrar en la zona de Argalla, en Tramacastilla, una finca adecuada para establecer la parcela experimental del CITA, y allí fuimos con él. La carretera que llega desde Guadalaviar es impresionante: discurre paralela al río Guadalaviar, encañonado, con enormes paredes de roca cortada y una frondosa vegetación de ribera. Tras nuestra estancia en las zonas más altas de la Sierra de Albarracín, llenas de pinares, llegar a esta vega fértil con pequeñas parcelas de cultivo nos trasladó a un oasis. «Jesús me contaba que venía aquí con el frutero porque se producía mucha

---

6. Véase el cuaderno de campo de Guadalaviar.

fruta y muy buena. Lo que más había eran manzanos y peras de agua»,
nos decía Alberto. En la finca de Tramacastilla hay unos 150 árboles y, de
ellos, más de la mitad son variedades locales y tradicionales. Este proyecto
persigue la recuperación de recursos genéticos autóctonos y la conservación y evaluación de los frutales locales. Se estudian las características
organolépticas, el color, el olor, el sabor y la textura, su productividad y la
resistencia a las enfermedades, con el objetivo de recuperar la producción
y fomentar su comercialización en la zona.

Esta parcela experimental es una de las que el CITA tiene en la provincia
de Teruel. Desde el año 2018 el CITA gestiona el Centro de Innovación de 59
Bioeconomía Rural (CITAte) de Teruel, focalizado en el sector agroalimentario, forestal y medioambiental. Marta Barba, coordinadora del centro, nos
citó otros proyectos vinculados a la agroalimentación que se coordinan des
del CITA Teruel: EcoalTe (dinamización de la cadena de valor del almendro
en Teruel: una apuesta por la producción ecológica), Pan de Teruel (valorización de cereales alternativos para uso panificable y su panadería industrial
en la provincia de Teruel), HortalizaTe (hortalizas y legumbres tradicionales
de Teruel: caracterización, evaluación y valorización), RegAteA (recuperación y revalorización de tierras abandonadas en los regadíos de riberas
turolenses), FiteMiel2 (recuperar la miel para recuperar el territorio: análisis
melisopalinológicos, análisis del potencial de mercado y apiturismo, con el
primer y único centro de análisis de miel en Aragón), LactocynaraII (cadena
de valor en la producción de leche y queso de Teruel: hacia un economía circular) y enTer (desarrollo de envases bio basados en residuos y subproduc-
tos de la industria agroalimentaria de la provincia de Teruel).

Llegar a lugares en los que el conocimiento tradicional se valora y encontrar dúos estrella como Jesús con su sabiduría y Alberto con su fuerza
nos llena de esperanza para seguir pedaleando. El futuro para nuestros
pueblos, y para la sociedad en general, está en recuperar y valorar aquellos
conocimientos locales que se han construido desde lo rural, gracias al
aprendizaje de generaciones y su combinación con los avances que la ciencia y la técnica nos aportan. Relocalizar las producciones y las economías
es la clave para la transición que necesitamos. El futuro será local y será
rural.

Un vergel en las montañas

¡Qué alegría encontrarnos en la Sierra de Albarracín con amigas zaragozanas que pedalean unidas! Hace tiempo que Marta, Sara, Ana, Sara, Marta y Rose pusieron la bicicleta en el centro de sus vacaciones. Empezaron haciendo rutas cortas en bici, en pequeños grupos o en solitario y desde el verano pasado se juntan para compartir días, risas y pedaladas. No hay nada equiparable a pedalear en grupo, la sensación de fuerza y unión se multiplica y si es un viaje cicloturista todavía más. Bien lo sabemos nosotras que con Bielas Salvajes disfrutamos de rutas que nos quedan en la memoria y en el corazón para siempre. Así fue en Tramacastilla, cuando nos encontramos con estas seis amantes de las dos ruedas. Compartimos comida, sobremesa y descanso a la orilla del río Guadalaviar y, cuando bajó el sol, pedaleamos juntas unos pocos kilómetros.

Pusimos rumbo hacia Calomarde, remontando el río Royuela —río Blanco que nace cerquita de esta población—. Aunque seguimos a 1.300 m de altitud notamos el cambio. Fue una sorpresa llegar y ver la vega llena de huertas y frutales. No es de extrañar porque el proyecto que íbamos a ver, HortAlbar, se centra, precisamente, en la huerta. Begoña Polo, originaria de Calomarde, fue a estudiar periodismo a Valencia. Empezó a trabajar allí y se quedó 13 años: «Hubo un momento en el que me encontré viniendo cada fin de semana, me costaba volver los domingos, me faltaba mi pueblo». Así que se volvió hace 14 años. «Cuando les dije a mis padres que volvía les pareció una locura. Ahora están contentos por mi trabajo y porque estoy a su lado». Y no es para menos, tener a su hija menor en el pueblo y trabajando la huerta les llena de orgullo.

Al volver estuvo trabajando en Sodemasa, lo que a día de hoy es SARGA, empresa pública del Gobierno de Aragón que presta servicios agroambientales en el entorno rural. Llegaron los recortes y la echaron. Este trabajo le permitió conocer a mucha gente de la zona, descubrir parajes e incluso elaboró una serie de fichas con fotos de plantas con las que luego se montó una exposición y se organizaron talleres didácticos sobre usos tradicionales de plantas medicinales de la zona. «Preguntaba a la gente mayor para aprender, sin duda son mi fuente de referencia, son un libro abierto. Siempre me he apoyado mucho en la gente de la zona porque son los que más saben. Ahora lo sigo haciendo para cultivar», nos contó Begoña. Siguió trabajando, a temporadas, de administrativa en los ayuntamientos de cuatro pueblos. Viendo como estaba el trabajo y cansada de la inestabilidad, decidió montar su propio proyecto. «Además, no me gustaba estar toda la jornada laboral en frente del ordenador», nos decía.

61

A Begoña ya hacía tiempo que le rondaba por la cabeza hacer tomate frito: «Se lo había visto hacer toda la vida a mi abuela y tenía su receta. Está riquísimo. Me parecía una idea genial». Cuando empezó a plantearse en serio el proyecto las dudas la acechaban: «Y es que me decían: pero, ¿dónde vas?, ¿dónde te metes?». Por suerte, no desistió. Se formó en elaboración de conservas. «Algunos cursos incluso los montaba yo. Conocía a gente interesante y los traía a la zona para que nos enseñasen». Rápidamente se dio cuenta de que sólo con las conservas no podía vivir, así que decidió empezar a cultivar, en ecológico por supuesto, vender el producto fresco y transformar los excedentes en conservas. En 2019, llegó a la comarca información sobre el programa GIRA Mujeres que apoya a mujeres emprendedoras. Begoña asistió a una de las charlas y decidió presentarse. Fue seleccionada y gracias a ello pudo aprender mucho de gestión en general. «Durante 4-5 meses hacíamos un trabajo de asesoría personalizada», nos comentó. Fue seleccionada entre los 10 mejores proyectos de mujeres de España y tuvo que defender su idea delante de más de 300 personas en cuatro minutos. «Fue un reconocimiento que me ayudó a creer más en mí misma y en mi proyecto. Si me han seleccionado será que porque lo que propongo tiene sentido. Ahora sí, adelante».

Toda la Sierra de Albarracín, y Calomarde en particular, con sus espectaculares pasarelas del río Blanco y por la Cascada Batida, son un destino turístico que atrae a muchas personas cada temporada. «Al comienzo pensaba vender a tiendas de la zona y que quienes vienen de turismo probasen mis productos». Después lo pensó con más calma, no estaba segura de que eso fuese a funcionar y adaptó sus ideas. «Uno de los beneficios de la formación que tuve fue que me abrió mucho la mente. Fue muy útil. A día de hoy soy capaz de cambiar». Begoña nos contaba que poder diversificar y adaptarse a las necesidades de la clientela y a las circunstancias que vayan apareciendo es fundamental. Así que se quitó la idea de vender en tiendas y, poco a poco, con el boca a boca, las vecinas y vecinos de la comarca le pedían verdura. «Tráeme un poco de esto, un poco de lo otro. Probaban y a la semana siguiente me pedían el doble. Les gustaba mi producto y aquí, en la zona, me pedía mucha gente». También cultiva patata —de excelente calidad por la altura— y legumbres, en concreto garbanzos y judías, que procesa y embota. Sigue trabajando con pedidos por teléfono, pero le gustaría montar su propia web y sus redes sociales lo antes posible. «La realidad es que este trabajo implica mucho tiempo; entre la huerta y el obrador se me va el día. Pero me exijo mucho, tengo mucho afán de superación y sé que pronto tendré eso también listo».

Nos enseñó las huertas que cultiva y dimos un paseo por los alrededores del río Blanco. Sus huertas son cedidas, algunas pertenecen a la familia, lejana y cercana, y otras a vecinas. «La gente ya no las utiliza y están felices al ver que la tierra no se queda perdida. De vez en cuando les mando fotos y lo valoran mucho», nos decía Begoña con una gran sonrisa. Con pesar vimos algunos *piazos* que estaban sin trabajar. Es una pena ver que esas tierras tan ricas y sanas se quedan baldías. Empezó con un invernadero y ahora ya tiene tres. Aquí es importante utilizar también malla antigranizo y mantas térmicas. Comenzó sin grandes inversiones: «Tenía dinero ahorrado y no he tenido que pedir crédito, vas haciendo pequeñas mejoras poco a poco. Solo llevo dos años, pero la valoración es muy positiva, vas viendo cómo vas creciendo y me hace feliz». La vega de huertas de Calomarde es un vergel, están rodeadas de chopos y frutales y el sonido de las acequias con el agua que corretea convierte el lugar en un espacio mágico. No nos extraña que Begoña tuviera muy claro que este es el lugar en el que desea trabajar.

Visitamos también el obrador de HortAlbar, el proyecto de Begoña, muy sencillo y acogedor. Al ser un lugar en el que se trabaja artesanalmente no cuenta con grandes máquinas: «Mi trabajo, tanto en la huerta como en el obrador, es manual, utilizo las recetas tradicionales y cocino todo con mis manos», puntualizó. La maquinaria con la que cuenta es muy sencilla: una balanza, una olla especial de altas presiones como autoclave, una pila para limpiar las verduras, un fuego a gas y dos cacerolas... «Lo tenía claro, si quería sacar el mejor sabor tenía que hacerlo con utensilios que controlara bien». Además, las paredes, como todos los obradores, deben ser superficies lavables. Begoña optó por utilizar recubrimientos de PVC sanitario que evitasen los problemas de limpieza que a veces se dan en los alicatados. ¡Y lo hizo ella misma! con ayuda de su padre, albañil. «Mi madre, Magda, y mi padre, Mere, me han ayudado siempre mucho y les estoy muy agradecida. Al principio cuando me metí en todo esto tenían miedo y se llevaron un disgusto y, aun así, me apoyaron desde el principio. Son maravillosos».

Nos contaba los líos de burocracia y papeleos que tuvo que hacer para el obrador: «Esperé casi un año para conseguir que todo estuviese en regla. Siempre te sacan alguna pega y muchas son un sinsentido. Por ejemplo, me decían que tenía que poner un cartel de salida en la puerta de salida. Y yo pensaba, ¿pero si la única persona que va a estar aquí soy yo y ya sé por dónde se sale? Bueno, quieren el cartel de salida, pues ya está, lo pongo». Vemos una vez más complicaciones en la burocracia, que no se adapta a la realidad de los pequeños proyectos. «Cuando lo tienes claro sigues adelante, pero si viene alguien que quiere probar, al final se desespera y opta por dejarlo y no complicarse más la vida». Consciente de la importancia de estar bien informada, ha ido aprendiendo a través de cursos. Tener muy clara la normativa le ha facilitado mucho las cosas. Esto le da autonomía, la empodera y la ayuda a hacer frente a las trabas que se ha ido encontrando. «A la administración le diría que agilicen los trámites. En medio de toda la marabunta hay veces que se te van las ganas y dejarías el proyecto y te dedicarías a otra cosa. Creo que deberían facilitar todo mucho más. Y, a la hora de la verdad, muchas de las subvenciones de apoyo al medio rural no llegan porque son restrictivas y tienen tantos cortes que solo lo pueden pedir cuatro personas. Es importante que esas ayudas lleguen a las personas que vivimos aquí».

Los cultivos de Begoña están en ecológico. «No me imagino cultivar con fitosanitarios. Voy haciendo mis preparados con cola de caballo y ortigas, fertilizo con estiércol y pregunto a la gente mayor, porque es la que más sabe». Aunque cultiva en ecológico y no utiliza productos químicos de síntesis ni agrotóxicos, no está certificada. «Es un sinsentido que el cultivo ecológico tenga que pagar para obtener un sello, mientras que los que utilizan productos fitotóxicos no lo tengan que hacer y además todo les sea mucho más fácil. Tendría que ser al contrario, la agricultura ecológica debería ser un premio para todos los ciudadanos». Begoña es una mujer decidida y con una fuerza interior que la conecta al amor por su pueblo, por la tierra, por la vida.

Más allá de las murallas está la vega

Albarracín es una ciudad medieval que se asienta en el istmo y la península que forma el río Guadalaviar. Su encanto está sobre todo en el trazado de las calles adaptadas a la difícil topografía del terreno. Esta es la imagen que se promociona turísticamente y que la mayoría de las personas tienen en la cabeza de la ciudad de Albarracín. Nosotras nos sentimos unas visitantes privilegiadas. «Mucha gente viene a Albarracín, pero poca gente conoce la vega», nos dijo Valeriano, el protagonista de este cuaderno de campo.

Valeriano nació y se crio hasta los 18 años en el Mas Monteagudo, donde se encuentra la masía familiar y las 300 hectáreas que la acompañan: 70 son de labor de secano y el resto de bosque y pasto. El Mas Monteagudo está a 10 km de la ciudad de Albarracín. «Se tardaba más de dos horas en burro. En casa no tuvimos coche hasta que yo cumplí 18 años y me saqué el carnet», nos contaba. «Allí la vida era de autoconsumo, tenías que tener de todo y hacerte de todo: conejos, cerdos, huerta, cereal y ovejas para vender y sacar el dinero. La mentalidad de vivir en una masía es totalmente distinta a la de vivir en el pueblo». Al jubilarse sus padres, a mediados de los 80, se trasladaron a Albarracín. Pocos años antes habían conseguido comprar el mas al señorito; ya eran propietarios. «Vendimos el ganado, yo me encargaba de las tierras y seguimos manteniendo la masía».

Valeriano siempre ha sido un hombre muy inquieto, decenas de ideas le sobrevuelan la cabeza. Cuando su suegro arregló un inmueble en Albarracín y dado que el turismo empezaba a estar en auge, decidieron abrir un hostal: Hostal Palacios, con 14 habitaciones, uno de los primeros hoteles nuevos de Albarracín. Maite, mujer de Valeriano, es quien lo gestiona. Está en un lugar privilegiado por sus vistas y su tranquilidad. Ya tenían el hostal listo y funcionando, así que ¡a otra cosa! La Masía Monteagudo solo se utilizaba para guardar los aperos del campo y pensaron que estaba desaprovechada.

En el año 2000 decidieron abrir allí el espacio de actividades rurales Masía Monteagudo y aprovechar el horno tradicional de piedra que tenían en la masía para ofrecer comidas. Ofertaron actividades para dar a conocer la antigua vida rural en las masías, montaron un pequeño museo etnográfico e incorporaron muchos animales. «Organizábamos visitas para acercar a familias y a colegios este vivir, incluso hacíamos un día de trilla demostrativa». En el año 2008, con la crisis, el modelo de turismo cambió. «Antes era más turismo residencial y les daba tiempo a hacer actividades. Ahora los turistas se quedan menos días, ven las cuatro cosas y se van». Así que la finca Masía Monteagudo cerró sus actividades divulgativas, pero siguió y sigue con vida.

Valeriano nos contó que cuando abrió la masía al público se había echado un rebaño de 100 ovejas; cuando cerró, lejos de quitarse ese pequeño rebaño, hizo lo contrario, lo duplicó: «Yo voy al revés, no me gusta hacer lo que hacen los demás». Actualmente tiene un rebaño de 600 ovejas merinas. «Son las ovejas que siempre han estado en la zona. Son más querenciosas, mejores madres, y no aceptan que las separes de sus crías». Para alimentar a sus animales cultiva las 70 hectáreas de labor de la masía, pastan por el resto y tiene arrendadas tierras de regadío en la vega para cultivar forraje. Entre sus búsquedas e inquietudes, Valeriano descubrió el Pastoreo Rotacional Voisin (PRV): se divide la zona de pasto en pequeñas parcelas y cada día se mueve el vallado para dar la ración correspondiente al rebaño. Los animales entran para comer a diente y fertilizan a la vez. Es la mejor forma de cuidar el suelo y regenerar los pastos. «Es el manejo más rentable que hay: evita mano de obra. Si a estas ovejas las tengo estabuladas tengo que venir a los pastos a segar el forraje, recogerlo y subírselo, y luego tendría que estar cogiendo todo el estiércol, sacándolo y esparciéndolo en los campos. Teniendo las ovejas aquí ellas lo siegan y lo fertilizan», reflexionaba Valeriano. Estuvimos ayudando a mover el pastor eléctrico para abrir una nueva parcela al rebaño. No os podéis imaginar la sensación de felicidad que nos transmitieron las ovejas al comenzar la degustación del pasto nuevo. Esta operación la hace Valeriano cada día.

Todas sus tierras están certificadas en ecológico desde hace 35 años y el ganado, desde que lo recuperó, también. A la pregunta de por qué en ecológico, respondió que era lo que había hecho toda la vida y porque, además, salieron las ayudas. «Yo lo que hago es lo que ahora se llama km 0, el ciclo completo, lo único que compro es el gasoil: abonamos con el estiércol del ganado que se come lo que crían las tierras, y lo que cría el ganado lo abastecemos en el restaurante». Valeriano siempre ha visto potencial en la carne que produce. Primero proveía al restaurante del Hostal Palacios y, hace cinco años, su hija Natalia abrió la primera y única pizzería de Albarracín, donde puedes encontrar, entre otras cosas, asado, hamburguesa o incluso pizza de cordero. Tuvimos la suerte de hacer una degustación de varios de los deliciosos platos de Pizzería Monty. Su hija Natalia decidió estudiar hostelería y restauración y se formó en pizzas con un restaurante de confianza en Calpe. «En verano siempre íbamos de vacaciones a la playa y como en Albarracín no había pizzería nos encantaba comer pizza allí. Cuando me planteé abrir un negocio pensé que una pizzería era buena para los turistas y para la gente de aquí». Y, sinceramente, fue todo un acierto. Natalia une la cocina tradicional con otras influencias. Desde sopa de cocido y carne asada a fuego lento de su propia ganadería hasta deliciosas pizzas, todo cocinado con mimo por un grupo de profesionales que siempre te atienden con la mejor de las sonrisas, incluso detrás de la mascarilla. Hace poco la pareja de Natalia ha comenzado con ganadería vacuna. Esta familia es muy inquieta, germen de Valeriano.

Y es que la masovería implica saber un poco de todo y esto despertó en Valeriano su espíritu emprendedor. Conocer la vida en el *mas* también despertó en nosotras curiosidad. Este motivo nos llevó a contactar con Enrique Ruiz, Profesor de la Universidad de Zaragoza, ya jubilado, que realizó, en los años 90, su tesis doctoral *Análisis geográfico del «mas» turolense: pervivencia y viabilidad de una explotación agraria tradicional.*

Nos introdujo en el origen del *mas* en Teruel, ligado al proceso de repoblación durante la Edad Media y, más concretamente, con el modelo señorial, ya sea laico o eclesiástico, uno de los motivos por el que la mayor densidad de *mases* se localiza en la mitad oriental de la provincia. Las primeras citas sobre *mases* datan del siglo XIII y algunos de ellos se conservan en la actualidad, incluso con el mismo nombre.

La masía se identifica con la casa en la que habita la familia que explota los terrenos asociados, que suelen formar un «coto redondo» en torno a la misma. Todo el conjunto, casa y terrazgo es lo que se denomina *mas*. Se caracterizaba por ser una explotación diversificada, orientada al autoconsumo y muy arraigada en el medio en el que está instalada. Era muy común que el *mas* no estuviera explotado directamente por su propietario, sino en régimen de medianería por un masovero que estaba obligado a entregar al dueño de la finca la mitad de lo producido como pago por su explotación.

Nos indicó que el *mas* turolense es una explotación agraria tradicional que se ha mantenido viva durante siglos, hasta que a mediados del siglo pasado inició su decadencia. Las dificultades de accesibilidad ligadas a su dispersión han sido factores determinantes en su evolución reciente. Este ha sido nuestro primer contacto con la historia de la masovería. Nos vamos con muchas ganas de seguir descubriendo Teruel y sus *mases*, como parte fundamental de la cultura y del paisaje rural turolense.

28 de julio de 2021, Villel

Nuestro consumo transforma

Mientras vamos en bici siempre hablamos de muchas cosas y compartimos sensaciones sobre los paisajes que transitamos. A lo largo de nuestro recorrido hemos estado viendo naves que se utilizan para almacenar maquinaria, herramientas, productos agrícolas y también para estabular el ganado. Estas estructuras son muy necesarias, lo sabemos. Y nos preguntamos: ¿no habrá otras alternativas para su construcción utilizando materiales más sostenibles, locales y con menos impacto visual? Con alegría descubrimos que en Villel, un pequeño pueblo de la comarca de Teruel, Miguel Ángel ha construido con sus propias manos los gallineros de bioconstrucción de Huevos La Brizna.

Bioconstrucción, como nos explicó Iñaki Urkía[7] en la ruta de 2019, es una palabra que hace referencia a construir con materiales compatibles con la vida, cercanos y naturales, lo menos elaborados posible y con poca huella ecológica, aprovechando los recursos del lugar y prestando atención a las construcciones tradicionales. Así lo ha hecho Miguel Ángel, aparejador de formación que con la crisis de 2008 decidió cambiar de rumbo, formarse en bioconstrucción y aplicarla al sector primario: «Utilizamos el barro de la propia finca, paja de aquí cerca y madera de la Sierra de Albarracín. Hay otras fincas en las que el área de recreo de las gallinas está sembrada con distintos cultivos de pasto. Sin embargo, nosotros hemos preferido dejar las aromáticas autóctonas que hay en la zona». Observamos perplejas la tranquilidad y bienestar de las gallinas. Cada mañana acude a abrir los gallineros, recoger los huevos y controlar que todo está en perfecto orden: «En ecológico las gallinas han de tener un mínimo de ocho horas de oscuridad para garantizar que se cumplen sus ciclos naturales, por eso las cerramos en los gallineros». Además de poner conciencia

69

---

7. Véase el libro *Biela y Tierra en ruta* (p. 234).

en la bioconstrucción, los promotores de esta pequeña granja de huevos ecológicos de 700 gallinas también apuestan por energías limpias: «Nos abastecemos a través de placas fotovoltaicas. Nuestra empresa es sostenible, no contaminante y autosuficiente, apostamos por el medio ambiente, el bienestar animal y alimentación sana». Miguel Ángel se formó en bioconstrucción con Okabumba, una cooperativa que respeta los principios de la construcción sana y sostenible especializada en la construcción con fardos de paja. Y esa es la técnica que ha elegido Huevos La Brizna para construir sus gallineros con estructuras de madera y revocados con barro.

Miguel Ángel nos explicó que no todos los huevos son iguales porque no todas las gallinas viven en las mismas condiciones. Cuando vamos a comprar huevos, en el cartón, y también en la cáscara del huevo aparece un código que empieza por un número, que puede ser el 0, el 1, el 2 o el 3. Los números 2 y 3 corresponden a gallinas estabuladas, encerradas en naves toda su vida y expuestas a luz artificial para controlar los ciclos de puesta y que sean más productivas. El número 3 indica que viven cerradas en jaulas y en el caso del número 2 en el suelo. El 0 y el 1 corresponden a gallinas ecológicas y camperas, respectivamente. En ambos casos estas gallinas tienen un espacio exterior para salir. Mucha gente piensa: «Pero camperas y ecológicas es más o menos lo mismo, ¿no?». Miguel Ángel nos explicó que los estándares de bienestar animal en producción ecológica son más altos que en las camperas. «Hay menos gallinas en el interior y los espacios exteriores son más grandes, lo que les permite desarrollar su actividad natural gallinácea. Otro punto importante es que en nuestro caso el pienso es ecológico: principalmente cereales producidos sin agrotóxicos ni transgénicos».

Nos compartió sus dificultades principales: un proyecto pequeño como el suyo con 700 gallinas no puede competir con granjas de 3.000, 6.000 o incluso 30.000 gallinas. Su producción es pequeña, cuidan sus animales y venden directamente. Nos dijo que uno de los puntos clave podría ser la venta en hostelería. «Hay pocos restaurantes que apuesten por la alimentación ecológica. Estaría bien que cuando se hable de calidad también se tenga esto en cuenta. ¿Un plato de deliciosa trufa turolense con un huevo de gallina criada en jaula? Me parece que no tiene sentido».

Por suerte, hay lugares en los que se trabaja y se valora lo que hay detrás de los alimentos, como en la Red de Mercados Agroecológicos de Aragón. Un ejemplo es el Mercado Agroecológico y Local del norte de Teruel que se celebra el tercer jueves de cada mes en Andorra. La historia de este agromercado parte de los primeros años en los que se abrió el Centro de Estudios Ambientales Ítaca Jose Luis Iranzo.[8] La primera muestra se organizó en el año 2010, en colaboración con el agricultor y ganadero andorrano José Luis Iranzo (asesinado a finales de 2017) y con UAGA (sindicato del que José Luis era miembro y dirigente). La idea surgió tras un curso de agricultura ecológica impartido en el centro. Uniendo fuerzas el CEA Ítaca José Luis Iranzo, La Ojinegra[9] (Alojamiento sostenible de la red Ceres Ecotur y restaurante ecológico de movimiento Slow food) y el grupo de acción local ADIBAMA, comenzaron a organizarse las primeras muestras agroecológicas.

Belén, de La Ojinegra, que dinamiza este mercado, nos contaba que es un circuito corto de comercialización de la provincia donde ofrecen azafrán, huevos, cacao, frutos secos, hortalizas y verduras, quesos y hasta tienen un espacio de cocina en directo. «Confluimos productores, transformadores y cocineros de toda la provincia de Teruel. Y no solo, también participa MyM ecofashion, que nos ofrece menaje, textil y cosmética libres de tóxicos y respetuosos con las personas y el planeta». Los mercados de productores son una herramienta esencial para que como consumidoras nos empoderemos con un consumo crítico y transformador. «Es muy importante fomentar los mercados porque así consumimos de nuestro propio territorio, educamos de manera consciente para conocer qué alimentos son de temporada, locales y cómo se producen. Se crea un espacio de diálogo que nos hace reflexionar y pensar sobre el modelo de consumo que deberíamos tener en nuestro día a día», nos decía Belén.

En el año 2018 el mercado se consolidó gracias a que fue elegido y financiado como Proyecto de Innovación y Colaboración Agroalimentaria de Pon Aragón en tu Mesa, un plan de los Grupos de Acción Local de Ara-

71

8. Véase el cuaderno de campo de Andorra.

9. Véase el libro *Biela y Tierra en ruta* (p. 345).

gón. Desde entonces se sigue trabajando en esta línea y una de las actividades que ha cogido más fuerza son las agroexperiencias. Isabel Félez, de Chocolates Artesanos Isabel,[10] una de las productoras del mercado, nos explicó que las agroexperiencias «son una forma de ir al corazón del producto para ver cómo se elabora, cómo se cultiva y conocer a las personas que lo están haciendo. Es una forma de ver ese alimento en su hábitat, en su origen y entender la historia que tiene».

Una vez al mes se propone visitar la finca de uno de los productores del mercado para descubrir su trabajo y hacer una actividad gastronómica. Tuvimos la suerte de compartir agroexperiencia en Huevos La Brizna. Miguel Ángel explicó su proyecto y gracias a Rafael hablamos sobre preservar la biodiversidad con la gallina serrana de Teruel, una raza autóctona que este año ha entrado en el Arca del Gusto de Slow Food Internacional con el apoyo de Avigaster (Asociación de Criadores de la Gallina Serrana de Teruel) y la Diputación Provincial de Teruel. Terminamos degustando *güevos al calibo* de la mano de La Ojinegra, una receta pastoril que forma parte de la cultura gastronómica rural.

Disfrutamos de esta jornada inolvidable, con muchos productores y donde participaron peques y no tan peques. Fue un ejemplo claro de cómo fomentar este tipo de espacios de encuentro e intercambio. Isabel nos hacía la siguiente reflexión: «Sobre todo es una forma para que conozcamos de dónde vienen los alimentos que consumimos. Cuando vas a comprar a la tienda, al supermercado, toda esa parte detrás del producto no la llegamos a conocer. Sin embargo, cuando vamos a comprar directamente muchas veces nos atienden los mismos productores y es una forma de conocer la historia que hay detrás del producto». Consumo consciente y transformador en esencia.

---

10. Véase el libro *Biela y Tierra en ruta* (p. 341).

30 de julio de 2021, Sarrión

La patata negra de valor incalculable

Sarrión es un municipio de Gúdar-Javalambre, que lejos de perder población estos últimos años la ha aumentado y asentado. ¿Y cómo es esto posible? Todo ha sido gracias a la que antiguamente llamaban patata negra y que hoy en día conocemos como un manjar: la trufa. Pero no siempre ha sido así. «Imaginaos, un hongo negro que salía de la tierra que olía mal y no sabían lo que era. En la época medieval estaba tan denostado que incluso estaba prohibido por la religión porque se asociaba al demonio y se decía que crecían de los truenos», nos contaba Estefanía, de Manjares de la tierra.

Ismael Ferrer, cocinero y divulgador en gastronomía vinculada al territorio, explica, en su blog La Alimentación del Presente, que no fue hasta después de finalizar la guerra civil española cuando se estableció poco a poco un conglomerado de truferos que fueron rastreando buena parte de la geografía rural española en busca de este preciado hongo. Estefanía nos contaba: «Hace 50 años aquí en Sarrión la trufa no se consumía. Venía gente de fuera con perros pero sin escopeta y se iba al monte, ¿dónde irán? Porque a cazar no van. Pensaban en aquella época». El modelo empezó a cambiar cuando los locales empezaron a recolectarla para los forasteros que venían a recogerla el fin de semana. «Mi abuelo ya recolectaba», nos dijo Estefanía. «La trufa se convirtió en un aporte extra para las familias porque en una semana recogiendo trufa hacían el dinero de un mes de trabajo». Las condiciones de suelo y clima de Sarrión eran excepcionales y las trufas silvestres se daban muy fácilmente. Aprendieron observando donde iban a buscarlas los forasteros. También se fijaron que unas moscas se posaban en los lugares donde estaban las trufas listas para recoger. En aquella época la gente del pueblo todavía no tenía perros. A mediados de los 80 la trufa silvestre empezó a agotarse. Fue hacia los 90 cuando un grupo de personas del pueblo fue a Francia a ver viveros en los que a través de micorrización se incubaba la trufa. Volvieron y cada uno empezó a hacer sus investigaciones.

A día de hoy hay cinco viveros en Sarrión, la mayor concentración de toda la península. «A los primeros que empezaron con esto les llamaban locos. Porque, imaginad, arrancar todo un bancal de almendros y plantar carrascas micorrizadas de trufa que tardan entre 7 y 10 años en empezar a producir trufa para poder coger. Era un acto de fe», nos contó Estefanía.

Pasó el tiempo y lo que era un acto de fe se convirtió en una oportunidad profesional o un complemento en las rentas familiares. «La trufa ha puesto a Sarrión en el mapa. A día de hoy, alrededor del 80 % de la producción mundial de trufa se da en la comarca de Gúdar-Javalambre y la mayor parte en el municipio de Sarrión». Cuando nos acercamos pedaleando a Sarrión cruzamos campos de carrascas truferas por todas partes. En Sarrión está Inotruf, uno de los mejores viveros especializado en la producción de plantas micorrizadas con *Tuber melanosporum* (trufa negra). Estos viveros hacen un estudio de la finca y aconsejan sobre el tipo de árbol más adecuado: carrasca, roble, coscoja, avellano o jara. Y es que no todos los suelos ni climas son adecuados. Para la trufa negra se necesitan terrenos calcáreos, suaves y bien drenados y además el clima mediterráneo. «Hace falta también que llueva en verano, por eso en Sarrión se priorizó el riego y fue uno de los primeros lugares», nos decía Estefanía. En la página web de Inotruf se puede encontrar una guía de truficultura.

Viendo el potencial de la trufa, en el año 2001 se inauguró la feria de la trufa de Sarrión FITRUF, el primer mercado donde la sociedad en general podía conocer y adquirir trufa fresca. Antes, el mundo de la trufa era cosa de unos pocos y cuantos menos mejor. El cultivo de la trufa sigue siendo muy artesanal. La recolección, se hace con perros truferos amaestrados para encontrar las trufas cuando están maduras. La trufa es un producto de temporada. La *Tuber melanosporum*, conocida como trufa negra o trufa de invierno, es la más valorada. La temporada va del 15 de noviembre al 15 de abril (aproximadamente) que es cuando, cada sábado, se organiza un mercado de venta de trufas en la Estación de Mora de Rubielos donde productores de la zona llevan las trufas frescas para vender directamente. En verano se da la *Tuber aestivum*, menos aromática y en otoño la *Tuber magnatum* o trufa blanca.

El mundo de la trufa en la comarca de Gúdar-Javalambre siguió creciendo y expandiéndose por todo el globo. Fue entonces cuando Mª Jesús, Lola y Merche, junto con sus respectivas parejas, decidieron emprender y comenzar a transformar la trufa para conseguir productos de excelente calidad. Así nació Manjares de la tierra, la primera empresa conservera de trufa de Aragón. «En Manjares de la tierra trabajamos todo lo que va después del cultivo y la recolección y así conseguimos dar el valor añadido a la trufa. Vendemos en España y en más de 30 países. Aquí se consume más la trufa transformada porque tradicionalmente se ha cocinado menos con ella, aunque poco a poco va aumentando su consumo. La trufa fresca nos la demandan más desde el extranjero», nos decía Estefanía. Tienen muchos productos elaborados: trufa en su jugo, jugo de trufa, brandy con trufa, láminas de trufa en aceite de oliva virgen, aceite de oliva virgen extra con trufa, reducción de balsámico al aroma de trufa, queso de oveja con trufa, bloc de foie con trufa, etc. «No se puede confundir el aroma de trufa con la trufa de verdad. En el mercado se pueden encontrar productos que no llevan trufa, solo aromas que han sido obtenidos por síntesis química y no tienen nada que ver», matizaba.

En 2018 hubo una remodelación de la empresa y dedicaron un gran esfuerzo en modernizar la imagen, todo el *packaging*, la presencia en redes sociales y la venta *online*, todo ello con la idea de potenciar la venta al consumidor final. «Nuestro mayor cliente son los restaurantes y, con la pandemia, es verdad que han bajado mucho las ventas. Menos mal que teníamos todo pensado para poder llegar a la gente directamente». A día de hoy, nueve personas trabajan en esta pequeña empresa de Sarrión. Y no solo Manjares de la tierra sino que el sector de la truficultura ha permitido una estabilidad rural de la zona e, incluso, en casos como Sarrión, ha crecido la población permitiendo que jóvenes de los pueblos se queden a vivir y que otros que se fueron regresen. Gracias a este cultivo se están poniendo en valor fincas que en muchos lugares llevaban más de 30 años sin cultivarse. La trufa, la patata negra, valiosa no solo por sus cualidades culinarias, sino también por las posibilidades que está ofreciendo a nuestros pueblos.

A su vez, recorriendo en bici esta zona aparecen a nuestro paso decenas de campos de monocultivo de carrascas truferas. Frente a una situación de cambio climático el riego es y será imprescindible para la producción de trufa de la calidad deseada. Y como en otras ocasiones nos preguntamos: ¿será sostenible en una zona tradicionalmente de secano mantener el riego de todas estas fincas? ¿No sería deseable diversificar las producciones para evitar poner todos los huevos en la misma cesta?

1 de agosto de 2021, Mas Blanco

Reviviendo territorios

¿Os imagináis profesores y estudiantes de la universidad cargando ca-
rretillas, rehaciendo muros, rehabilitando viviendas y montando un museo en medio del Teruel profundo? Pues no hace falta que os lo imaginéis
porque ya existe. Es la Asociación Recartografías: volviendo a poner la X en
el mapa y su proyecto de Mas Blanco. Recartografías es una asociación de
investigación-acción. Como nos explicó Luis, portavoz de la asociación,
«por un lado somos grupo de investigación de la Universidad de Valencia
sobre despoblación, cambio climático y conflictos ambientales y, por otro,
somos asociación de acción porque más allá de las publicaciones, congre-
sos y producción científica tenemos proyectos, actividades y vínculos con
el medio rural, el medio que estudiamos».

Como acción más simbólica figura el proyecto de Mas Blanco, que consiste en la rehabilitación de una aldea en el término de San Agustín con
criterios sostenibles y de respeto hacia la cultura, la naturaleza y la historia
de estos lugares con el fin de mostrar que, para luchar contra la despoblación, además de grandes políticas, se necesita de mucha gente pequeña y
compromiso personal. Esta acción surgió a raíz de la publicación del libro
Territorios abandonados. Paisajes y pueblos olvidados de Teruel. Sus autores, Luis
y Antonio, lanzaron unas propuestas en el diagnóstico final y, convencidos, se pusieron manos a la obra e identificaron a Mas Blanco como un
lugar adecuado para su realización.

«Mas Blanco es un grupo de casas o, como se dice aquí, un barrio, una
masada, una aldea, organización tradicional de la cultura masovera de la
zona, pero que no es un municipio independiente». Era el núcleo central
de seis de las masadas cercanas, es decir, de las distintas explotaciones
agropecuarias de hábitat disperso. Este barrio masovero, con algunos de
sus edificios emblemáticos como la escuela o el horno comunitario, era el
lugar de reunión de toda esa población masovera. Por este y otros motivos

decidieron montar aquí, en 2014, el Museo de las Masías y de la Memoria Rural, que cuenta con un total de ocho espacios repartidos por Mas Blanco. En ellos se muestran episodios históricos y diversos aspectos que motivaron la despoblación de las masías. Visitar este particular museo significa recorrer la aldea y descubrir las guerras y conflictos en Teruel, la recreación de un refugio antiaéreo, la casa de la maestra, la escuela mixta, el cubo (almacén comunitario de vid), el horno comunal, la recreación de la oficina de la CNT y la jipe (depósito de agua).

Es asombroso el trabajo que realiza Recartografías. No solo por su labor investigadora y la rigurosidad de la información que trasladan, sino que, además, han invertido tiempo, energía y dinero, de forma voluntaria, en la rehabilitación de todos esos edificios. Se establecieron como «entidad de custodia del territorio» y realizaron acuerdos de cesión con la administración y con propietarios privados, lo que les ha permitido la rehabilitación y el uso de estos espacios. Tal y como explican en su página web, esta práctica se asemeja, en parte, a una de las fórmulas clásicas de tenencia de la tierra existente durante siglos en muchas áreas rurales, la masovería. El contrato de masovería plantea la cesión a futuros masoveros de una finca rústica o de una serie de tierras por un periodo de tiempo determinado, a cambio de que éstos se comprometan a mantener la finca y a entregar una parte de los frutos que produce.

En el cuaderno de campo de Albarracín[11] ya comenzamos hablando de la vida masovera. Luis nos contaba: «Podemos considerar a los masoveros como nuestros verdaderos indígenas. Cuando un grupo de personas ha de sobrevivir en un medio serrano alejado de todo, necesitan un nivel de autosuficiencia elevado y el desarrollo de una serie de técnicas materiales e inmateriales propias. La vida en la masía, como en todas las culturas rurales, estaba ligada a la naturaleza, totalmente alineada con los ciclos naturales. No disponían de ningún adelanto tecnológico de los últimos 200 años». La peculiaridad de lugares como Mas Blanco es que existe un nivel de organización comunitaria muy fuerte. Hay varias actividades que se realizaban de manera colectiva: el horneado del pan, la vendimia, la construcción de la escuela y de la casa de

---

11. Véase el cuaderno de campo Albarracín.

la maestra y el mantenimiento de caminos, de bancales y de pastos comunales. Nos sorprendió muchísimo el nivel de organización comunitario y especialmente la Sociedad Humanitaria. «En 1919 los masoveros de Mas Blanco decidieron hacer el esfuerzo de irse prácticamente a pie hasta Teruel para constituir, en el registro civil, la asociación La Humanitaria, que tenía como finalidad principal la asistencia a personas enfermas, gastos asociados a fallecimientos y apoyo a viudos y viudas. Se juntaban una vez al año, para constituir un fondo común económico que sufragara esos gastos y para organizarse entre todos los vecinos en caso de que se necesitase alguna asistencia. Podría considerarse un precursor de los seguros o de la seguridad social. Es un ejemplo de apoyo mutuo y de un sistema organizado con la intención de que quedase constancia de cómo funcionaba y fuera reconocido por el Estado».

«Hace más de un siglo que el mundo de las masías pierde población. El proceso de despoblación es escalar, es decir, se han ido despoblando primero los lugares más recónditos, luego los pueblos más pequeñitos, luego las cabeceras comarcales y ahora estamos ya en una situación muy grave en la que las capitales de provincia pierden población. Este proceso histórico viene determinado por muchos factores», explicaba Luis. Al margen de las causas que se esgrimen generalmente —crisis del campo, mecanización, industrialización, falta de acceso, etc.—, Luis hablaba de un factor fundamental: «Se buscó deliberadamente que toda esa población que vivía con un nivel muy alto de autosuficiencia, de independencia respecto a poderes civiles, religiosos y políticos, dejasen de existir». Esto lo escuchamos también en territorios lejanos de la mano de los hermanos Niembro en Asturias.[12] El enfoque centralista de gestión de los recursos naturales afecta a estos territorios. Ejemplos, que comentaba Luis, son «las políticas hidráulicas con la construcción de grandes embalses y el servicio militar obligatorio de tres años que dejaba sin mano de obra joven a las masías, entre otros». Luis explicaba que todos los adelantos tecnológicos incorporados en la zona de Mas Blanco se financiaron a cargo de las sociedades masoveras: la luz eléctrica, el agua corriente, el mantenimiento de caminos... aunque vecinas y vecinos pagaban los impuestos que les correspondían. «Cuando uno va su-

---

12. Véase *Biela y Tierra en ruta* (p. 142).

mando todos estos factores más un modelo cultural dominante que denigra la vida en el campo hace que la gente, progresivamente, dirija su vida hacia las ciudades. Todo esto caló de manera muy profunda en estas familias, que pese a tener las necesidades básicas más que satisfechas, la necesidad básica de reconocimiento social no lo estaba».

Además, recordaba Luis que «en los últimos 150 años el medio rural de Teruel no se ha perdido una sola guerra». El impacto de la guerra y posguerra, especialmente en la guerra civil, tuvo efectos devastadores y fue importante causa de despoblamiento y crisis en muchas zonas rurales. Estos territorios se convirtieron en zona de frente con presencia de soldados, en muchos casos sin recursos, que se surtían de los masoveros de la zona. «Muchos pueblos y masías de Teruel vivieron años de terror. Durante más de tres años decenas de miles de soldados de los dos bandos ocuparon masadas, pueblos y ciudades en muchos casos arrasando todo a su paso. Miles de personas tuvieron que abandonar sus hogares», podemos leer en la exposición. Luis además añadía: «Muchos historiadores ya señalan el fin de la guerra civil española en torno al año 1952. Durante más de 10 o 15 años tras 1939, hubo una situación de tensión muy alta por la presencia de guerrilleros antifranquistas, los conocidos maquis, y una Guardia civil que tenía carta blanca para hacer cualquier salvajada y muchas veces actuaban a través del miedo». En el museo se explica que la Guardia Civil actuaba directamente a través de acción violenta contra la guerrilla, pero también a través de la represión preventiva de la población con medidas de control social que alteraron profundamente la vida cotidiana: toque de queda, prohibición de fiestas, bailes y bureos y a partir de 1947, y por orden del gobernador civil de Teruel, Manuel Pizarro, el desalojo de las masías para cortar así el apoyo civil a la guerrilla. Cada día, a las ocho de la tarde, los masoveros tenían que presentarse en el cuartel de la Guardia Civil más cercano, a veces a horas de camino, entregar allí las llaves de su masía y pasar la noche en el pueblo con sus propios medios. Hasta el día siguiente no podían regresar a sus tierras. Este hecho ya lo señaló Enrique Ruiz cuando hablamos del mundo masovero.[13]

---

13. Véase el cuaderno de campo de Albarracín.

La visita a la exposición de Recartografías hace que reflexionemos profundamente sobre nuestra historia. Sobre las consecuencias que los conflictos traen y sobre el presente de las migraciones a nivel mundial. Nos recuerda cómo la historia se repite y cómo es importante aprender del pasado para construir el futuro. Todo este esfuerzo de Recartografías ha dado muchos frutos. En primer lugar, que parte de estos edificios no se vengan abajo y se conserve el patrimonio. Así, poder crear un proyecto interesante que atrae a gente que viene de visita, gente que viene a hacer seminarios y cursos. Y es que Recartografías propone hacer del mundo rural un polo de conocimiento, como vimos también con las Universidades Rurales.[14] Y no solo esto, sino que también ha motivado que nueva gente venga a vivir aquí porque es «un factor determinante ir a un lugar donde hay actividades, hay sociabilidades», matizaba Luis. Y para él: «La parte más importante es el cambio cultural que se ha empezado a dar. Muchos de los antiguos masoveros que vivían aquí y llevaban más de 20 años sin venir, al ver que vino gente de la universidad y se puso a trabajar, les ha cambiado la óptica. Al principio nos decían que para qué rehabilitábamos la escuela y ahora, al ver la escuela tal y como ellos la conocían, y que viene gente a visitarla y es apreciada, su mentalidad ha cambiado, tanto, que ahora vienen mucho más, algunos han rehabilitado sus casas o han estado dispuestos a venderlas para que otras personas puedan venir». Una escena que recuerdan con cariño fue cuando consiguieron traer a la primera maestra de Mas Blanco y juntarla con parte de su alumnado. Fue un día emotivo e inicio de este cambio. Así es como Recartografías pone la X de nuevo en el mapa.

Compartimos fin de semana con Luis, Antonio, Sara, Paloma y Javi, colaborando en la preparación de los espacios para la III Universidad de verano de la Universidad Libre de las Masías. Pensar en la energía que ha invertido Recartografías nos da una idea de la motivación y la importancia de conservar el patrimonio y la cultura de los lugares para mantener un mundo rural vivo y honrar a las generaciones pasadas. Sin duda, como dice su lema *«Tota pedra fa paret»*.

---

14. Véase *Biela y Tierra en ruta* (p. 72).

El valle que enamora

Antes de abandonar la provincia de Teruel, el río Mijares forma un valle. Entramos por Casa Bolea. Las laderas abancaladas, el agua y la frondosidad nos dejaron con la boca abierta. Ya nos lo dijeron: Olba es muy especial. Es un valle muy fértil, con el Mijares canalizado en acequias muy antiguas que han regado huertas en las que se cultivaban hortalizas y maíz. Hoy, por su microclima de suaves temperaturas, es conocido como el Caribe turolense. Las huertas conforman un paisaje singular, los barrios se van integrando según discurre el río y ha atraído a muchas personas de todo el mundo.

Olba no solo es especial por su paisaje, sino también por su paisanaje y la cultura asociada a él. Allí llegamos para conocer el grupo local de Gúdar-Javalambre de la Red de Semillas y el trabajo que está haciendo. Fernando nos decía que las variedades locales son imprescindibles para la vida. Durante milenios, agricultoras y agricultores han ido seleccionando semillas heterogéneas adaptadas a las condiciones locales de clima, biodiversidad y suelo. Esta heterogeneidad confiere la riqueza genética clave para adaptarse a nuevas plagas, enfermedades, condiciones climáticas cambiantes y extremas. No podemos hablar de variedades locales sin hacer referencia a todos los saberes de la cultura popular: técnicas de cultivo, prácticas de cosecha, usos gastronómicos, cualidades organolépticas... Fernando y Deme se han juntado con el objetivo de recuperar variedades locales de hortalizas, cereales y frutales para hacer frente a la pérdida de biodiversidad. Trabajan para impulsar una asociación de hortelanos y potenciar las variedades locales como herramienta para fomentar la soberanía alimentaria de la zona. Empezaron con la identificación. Entre 2014 y 2019 consiguieron localizar: manzanos, perales, cerezos, ciruelos, priscos, higueras, almendros, vides, albaricoqueros, lechugas, coles, nabos, calabacines, calabazas, pepinos, garbanzos, guijas y guijones, judías, lentejas, ajos, ce-

82

bollas, acelgas, remolachas, berenjenas, pimientos, tomates, sorgos, avenas, maíces, trigos... «Me he recorrido toda la comarca hablando con los mayores. Al principio no entendían por qué, pero al final se acercaban con las semillas que habían cultivado durante años», nos dijo Fernando. Con las variedades prospectadas se pasó a reproducirlas, caracterizarlas y multiplicarlas. Fernando guarda en su casa un increíble banco de semillas que refleja la gran diversidad de estas tierras. Están trabajando para la creación de un banco de semillas comarcal y un vergel frutal de conservación.

Nadia y Ferran contactaron con Fernando, que les proporcionó semillas locales para el cultivo y comercialización en su proyecto La Biohuerta, en el barrio de La Monzona. «Decidimos trasladarnos hacia la montaña; nos apetecía un cambio para vivir más las estaciones, la naturaleza y para criar a nuestros hijos, Unai y Bruc, con más amabilidad y libertad», nos contó Ferran. Vienen de Godella, de l'*horta nord* valenciana, donde pusieron en marcha el proyecto L'Agret Cultura de Terra, de producción de hortaliza agroecológicas. «Pensamos que hay que conservar la biodiversidad y el producto local. Además, la agroecología tiene que ser algo para todo el mundo, no solo un valor de mercado. Queremos erradicar el mito de que lo ecológico es más caro», explicó Nadia. Por este motivo ya habían montado en Valencia la *agrobotiga* L'Agret, una tienda ecológica de producto propio y local, y en La Monzona hacen un mercado de venta directa a pie de finca los martes de 18 a 21h. Compartimos la tarde en este espacio de encuentro. Muchas personas llegaban para hacer la compra de verduras y huevos ecológicos y las charradas correspondientes. Nadia les atendía y Juan y Ferran cosechaban los productos, ¡más fresco imposible! Juan, argentino, y Teresa, alemana, acompañan a Ferran y Nadia. Se dedican al teatro de calle, a los malabares y al clown con su compañía Coco y Machete y llegaron a España con su hija Maira viajando en bicicleta. «Siempre hemos sido un poco nómadas, pero llegamos a esta zona y nos enamoró. Nos estamos arreglando una casa en Los Lucas, otro barrio del valle, y como Teresa está embarazada, no nos imaginamos un lugar mejor. Conocimos a Ferran y Nadia por la escuela. Ferran me propuso trabajar la tierra y no dudé. Me gusta trabajar la huerta y aprender con él». Estas dos familias trabajan con mucho tesón y los resultados son más que favorables. Ferran decía:

«Queremos mostrar que es viable que la gente viva de la huerta como aquí hace 20 años». Las personas de La Monzona están orgullosas de ver los bancales cultivados. Felicidad, vecina de toda la vida, se emocionaba al ver las huertas con vida y las calles con la alegría de los peques. Ferran y Nadia nos decían: «Nos quedamos, el cambio ha sido a mejor. Lo bueno que tiene el valle es que está lleno de gente con intereses comunes y es fácil que surjan proyectos. En Valencia nos relacionábamos hablando, alrededor de una mesa. Aquí, haciendo, echándonos una mano».

Como dice Gustavo Duch, «planta un cole y crecerá un pueblo». Lo comprobamos en Caneto[15] y también en el Valle de Olba, otro ejemplo con 58 peques en la escuela. Delfi llegó hace más de 25 años como profesora de la escuela pública y convencida de la importancia de una educación consciente y transformadora. Estaba formada en pedagogía Freinet, quería aplicarla y muchas familias han ido llegando al valle por este motivo. Abrir la escuela a la participación activa de toda la comunidad educativa fue un revulsivo y la clave para que la escuela de Olba se haya convertido en un referente. François, actual profesor, nos explicaba: «La escuela se organiza en distintas comisiones donde participan las familias: facilitación, espacios, huerto, bienvenida y pedagógica». Se trabaja por proyectos, sin libros, sin exámenes. Las peques planean, implementan y evalúan proyectos que tienen aplicación en el mundo real, más allá del aula. Amplía sus límites poniendo en valor la naturaleza, el cuidado mutuo, el interés, el respeto por su ritmo y la escucha. El proyecto más significativo es el huerto escolar, eje central para trabajar contenidos curriculares. Con el huerto surgió el taller de alimentación saludable, de cocina y la creación de la empresa Lusanai, gestionada por las alumnas para vender sus productos elaborados en el huerto y aprender sobre gestión de empresas. Por su innovación recibieron el Premio Huertos Escolares Ecológicos en la edición 2016-2017.

La educación es uno de los pilares de Marta, que estudió magisterio y se formó con másteres en autoconocimiento, duelo, sexualidad y relaciones humanas. Es terapeuta y formadora de profesorado y familias en

---

15. Véase el libro *Biela y Tierra en ruta* (p. 283).

educación emocional. Delfi le encargó un proyecto para la escuela y así llegó Educar Educándonos, donde el objetivo principal es el acompañamiento de niños y niñas para que aprendan a ser felices. «La felicidad para mí tiene que ver con cuatro aspectos básicos: tener una buena autoestima y gestionar nuestras emociones; desarrollar círculos sanos, justos e igualitarios; aprender a atravesar situaciones difíciles de la vida potenciando la resiliencia; y tener metas y saber dirigirte hacia ellas con inteligencia emocional». Junto con Josevi, de la compañía de teatro y títeres Proyecto Caravana, crearon De Puertas para Adentro: «Estamos preocupadas por la violencia de género con todos los públicos. Yo tenía desarrollada la idea de la matriuska y durante el confinamiento dimos forma al proyecto. Josevi se encargó de las instalaciones, Nadia hizo el diseño y Alba, el audiovisual». Marta nos contaba que la matriuska es un recurso para entender cómo funciona la violencia a nivel interno en base a la educación emocional: «Detrás de la conducta, sea violenta o no, siempre hay pensamientos, creencias, autoestima, expectativas... Y al final, emociones. Con De Puertas para Adentro trabajamos lo emocional. No utilizamos vocabulario que la gente no entiende». Llegan a los pueblos y colocan en la plaza cinco puertas como si fuese una calle más. En cada una hay una grabación en bucle. Te acercas y escuchas lo que ocurre de puertas para adentro, conversaciones cotidianas en las que subyacen violencias que conectan con la gente y llevan a la reflexión. Finalizan con un debate foro y «sorprendentemente la mayoría de la gente se queda porque les ha tocado; se necesita hablar de estos temas». Consiguen llegar «a gente que normalmente no acude a estos espacios. Con las instalaciones que hemos creado se acaba el tabú». Están recorriendo muchos pueblos turolenses.

Generar espacios de encuentro es fundamental para mantener el dinamismo de este valle en movimiento. Nos hablaron de muchas actividades: biodanza, teatro, circo, talleres... ¡E incluso el coro: Oldubadú! Nos juntamos con Cristina, una de sus integrantes: «En el coro te acercas a la gente y es diferente. Compartes esa parte humana y acabas conociendo a gente con la que a priori parecía que no tenías conexión». Cristina llegó a Olba hace 20 años con la idea de vivir en comunidad y con la naturaleza, se instalaron en El Casucho a orillas del río Mijares. «Los frenos son mentales.

Cuando tienes ganas, las cuestiones materiales se van supliendo, pero vivir en comunidad no es fácil y creo que no estábamos preparados. Fue un tiempo de prueba». Tuvieron que aprender todo. «En nuestra generación dejamos aparcados a los abuelos para ir a la universidad y perdimos el conocimiento que se había ido creando durante generaciones y generaciones de contacto con la naturaleza». Cristina es una mujer sabia y quiere recoger sabiduría del resto. Está trabajando en el proyecto de libro colectivo Plantadas en la Tierra: «La idea empezó con la biografía de mi abuelo y pensé, ¿y las abuelas? Nunca se escribe sobre sus vidas. Pensé en todas las mujeres inspiradoras que he conocido y he pedido a cada una que escriba su vida. Me lo están agradeciendo porque para ellas está siendo también un proceso personal. Quiero recoger historias diversas del mundo rural como ejemplo de valor, determinación, amor a la vida y a la naturaleza». Nos emocionamos escuchándola: «Me hice masajista a los 47 años y con 57 hago un montón de cosas por primera vez. Para mí esto es estar despierta».

Con Cristina fuimos a visitar a Mirko, un alemán que llegó al valle hace 15 años. Le apasiona la escalada y nos dijo: «Cuando yo llegué apenas había vías y empecé a equiparlas». Hoy hay más de 500. Alrededor de la mitad las ha equipado él y ha hecho una guía de escalada de la zona. En el año 2016, con otras amistades, compró una casa y un terreno con impresionantes vistas al área de escalada. Ahí se encuentra el refugio para caravanas Alto Mijares que él mismo gestiona y desde donde llegas andando a muchas vías en roca caliza. Desgraciadamente, en diciembre del año pasado, el refugio quedó sin suministro de agua. Con el cierre de la central hidroeléctrica la Acequia del Diablo, que abastecía al refugio y los huertos de Los Giles, donde vive Cristina, dejó de llevar agua. Mirko encarga cubas de 15.000 litros para el depósito que construyó y para seguir manteniendo el espacio con agua, con vida.

Olba, las alpujarras turolenses, es un lugar vital y diverso, donde confluyen nuevas maneras de entender el ser y estar en un entorno rural. Sin embargo, hace unos años que la gestión del río Mijares divide a sus vecinas y vecinos: la decisión sobre el futuro de la presa de Los Toranes ha polarizado a la población. Nos abrumó respirar esa tensión. También nos entristeció ver un valle fértil con huertas que se secan, sea por el motivo que sea. Acercar posturas y encontrar soluciones comunes es el reto de nuestra generación, aprender de la diferencia sin olvidar que somos interdependientes y ecodependientes. Somos ecosistema y solo en ecosistema solucionaremos los problemas que enfrentamos.

Teatro para transformar y transformarnos

«Estamos aquí porque el entorno rural es una fuente de inspiración».

Así nos recibieron Karla y Pablo de Poika Teatral. «En una ciudad tienes la sensación de que siempre hay que mirar para adelante, de que todo va muy rápido. En el mundo rural puedes parar y ver que las cosas tienen otros ritmos, incluso a veces parece que no se mueven. No por eso es negativo, así puedes ver el valor de otras formas de ser y de hacer. Las prioridades y los ritmos cambian y te rodeas de la naturaleza que es lo que realmente somos», nos decía Karla.

Karla nació en Vinaròs y aprovechó los estudios para marcharse a la ciudad. «Quería empaparme de todo, experimentar». Descubrió el teatro y le ayudó mucho: «Yo era muy tímida. La interpretación y el clown me ayudaron a centrarme y estar a gusto con la gente; me daban herramientas para ser yo misma». Entró en la escuela de artes y oficios y lo combinaba con formación en arte dramático. A lo largo de 10 años se formó en teatro y clown. Entre los 25 y los 33 años estuvo trabajando en Payasospital, en hospitales de Castellón, Valencia y Alicante. «Descubrí la magia de entrar a trabajar en un sitio que me corroboraba la utilidad social que tiene el teatro, algo que ya me atraía cuando decidí meterme en la interpretación». Conocer la realidad de los hospitales le hizo tomar conciencia de la importancia de autoresponsabilizarse de la salud y el cuerpo: «Lo relacionado con el cuerpo, el teatro gestual, los objetos, los títeres... fueron las cosas que me dieron paz y lo fui complementando con Zen Yoga y alimentación macrobiótica». Al quedarse embarazada tuvo claro que deseaba dar a luz en un ambiente diferente. Trabajó en el hospital hasta entrados los 8 meses de embarazo y fue a una casa de partos para dar a luz a su hija Akiara: «Nombre inventado que viene de aquí y ahora. Quería que su nombre tuviese mensaje para recordar siempre esta consigna tan importante». Fue el momento en el que Karla dio el salto: «La ciudad ya me había dado todo lo que podía. Quería estar más conectada con la Tierra». A través de una formación en la Casa Escuela la Loba, descubrió el Valle de Olba y su maravilloso ecosistema humano y natural.

Pablo es originario de Calamonte, un pequeño pueblo de Extremadura. Sexto de nueve hermanos creció en un entorno rural: todavía recuerda cuando su abuelo organizaba el granero para guardar la cosecha bien aireada y conservarla junto a los jamones y embutidos de la matanza; una vida conectada con la naturaleza, corriendo libre. Llegó la adolescencia y la juventud y necesitó alejarse, conocer ciudades y gentes nuevas: Barcelona, Ourense, Irlanda... Estudió y se formó como artista plástico. «Me centré en la pintura. Empecé utilizando sintéticos, pero los he ido sustituyendo por materiales sin tóxicos. Me gusta utilizar tintes y elementos naturales y sencillos como café, remolacha, sal, arenas...». Su manera de expresarse a través del arte ha variado: «Enfrentarse a un lienzo en blanco puede ser doloroso y difícil. Es exponer en el papel lo que te sale de dentro. Ahora utilizo elementos de la naturaleza para hacer intervenciones. Trato de nutrirme de la forma más positiva posible. Sigo pintando y también recojo otras inspiraciones a través de la fotografía». A lo largo de su carrera la introspección le llevó hacia la oscuridad: «Hasta que llegó un momento que algo me dijo: ¡Para ya! Y llegó la luz». Quizá la risa y la vuelta a la naturaleza tuvieron algo que ver. Cuando Pablo fue padre tuvo claro que en una ciudad no podía vivir: «Quería que mis hijos corrieran libres y experimentaran como yo de niño. Quería algo más sanote para ellos».

Las vidas de Karla y Pablo se cruzaron por estas tierras que los han unido y les han dado un hijo, Pau, y el proyecto Poika Teatral, que llena de risas y arte las calles de Fuentes de Rubielos. Esta pequeña compañía de teatro familiar nació de manera casual, o no tan casual, cuando Karla enredó a Pablo para que participase en la creación de un *showcooking* en clave de clown con sus amigos de Algamar. Este espectáculo se llamó ÑAM!, y se estrenó en Biocultura 2016, en Barcelona. «Pablo fue muy valiente metiéndose a eso», nos decía Karla. «Y tanto, yo al principio iba a estar de ayudante payaso, no tenía que hacer mucho, pero Karla y otros amigos llevaron a cabo la dirección y sacaron de mí un personaje clown que me encantó». Hicieron tres recetas con algas desde la tontería y el humor. Karla estaba más que formada para ello pues conocía bien la cocina y las propiedades de las algas. Fue muy impactante que llegasen a Biocultura con una propuesta así. «Nadie se lo esperaba. Hubo críticas muy positivas y otras muy negativas. Eso es lo que me gusta del teatro, mover a la gente, vivir las reacciones». Después de este estreno Pablo decidió formarse más y Karla cogió fuerzas para montar la compañía.

Pablo nos confesó: «Creo que yo no elegí al teatro, si no que el teatro me eligió a mí. Lo sentí como una llamada terapéutica. Una vez que estás dentro de un personaje te permite vivir en otra vida y eso hace que nos podamos desarrollar como individuos». Karla, sin embargo, lo tuvo muy claro desde joven: «Para mí fue una decisión propia, fue una herramienta para crecer. El teatro me ofrecía todas las posibilidades». También tiene una función social que Karla ejemplifica así: «El teatro modifica, cambia, transforma a la gente. Desde mi vivencia como payasa de hospitales pude poner mi granito de arena. Cambiaba la realidad de la gente que visitaba y eso me cambiaba a mí. Se establecía un flujo de aprendizaje común a través de vivencias concretas». Para ella hay dos pilares dentro del teatro: por un lado, está la posibilidad de expresarse con un flujo de ida y vuelta y por otro, esa vivencia con las espectadoras establece la magia de la escucha.

Poika Teatral hace un teatro divertido, para todos los públicos: «Rompe con la cuarta pared y trata de integrar a la gente. Trabajamos con la sonrisa, las tonterías, con lo absurdo, con el clown, el imaginario y compartimos y disfrutamos para crecer». Pablo especificaba: «Las temáticas que abordamos son cosas que nos preocupan. Con los espectáculos tratamos de concienciar sobre los pequeños tesoros, la naturaleza, la educación, el respeto, etc.». Tratan materias como la imaginación y por eso crearon la obra TPF, *tu personaje favorito*. Dar valor a las pequeñas cosas de la vida que hacen que vivir sea un viaje maravilloso hizo nacer otra pieza, *El viaje de Estel*. Y de la naturaleza, al ver cómo en casa se va acumulando plástico, surge la pregunta de ¿qué estamos haciendo?, y la campaña Stop Plastik con la obra Cucalola, que incluye un taller teatralizado.

Encontrar en lo alto de la Sierra de Gúdar una compañía tan auténtica por su sinceridad y apuesta de concienciación a través del arte nos ha dado fuerzas para pedalear. «Vivir en un entorno rural es mucho más amable. De Fuentes me enamoró la amplitud, las alturas. Necesitaba ampliar y romper las fronteras de los pueblos. Me siento de la zona, no solo del pueblo. Vivo en una comunidad muy grande», decía Karla. Recalcaron que el teatro y el arte son imprescindibles en los espacios: «Como seres humanos el arte es un reflejo de lo que vivimos y es necesario poder expresarse sin tabúes, sin ataduras. El arte es un lugar de encuentro, de generar debate, de hacer pueblo. La cultura no es solo lo que hacemos sino lo que elegimos caminando como comunidad». El arte, el teatro, es un bien de todas las personas.

Bajarse de la rueda

Rodando con nuestras bicis llegamos a Rubielos de Mora para conocer a Mariví y David, fundadoras de Mari Golosa. Hace ocho años decidieron rodar en contra dirección y cambiar el entorno urbano por el rural. «David es delineante y trabajaba en una ingeniería y yo tenía un negocio en el centro de Valencia. Decidimos que se había acabado nuestro tiempo allí porque el ritmo es frenético. Nunca hay bastante, siempre necesitas más cosas que no sirven para nada. Nos liamos la manta a la cabeza y nos fuimos a Lechago, un pueblito de Aragón».

David tiene su origen en esa localidad de la comarca del Jiloca y pasó allí los veranos de su infancia donde todavía conserva amistades. Encontraron el sitio idóneo. «Nos recibieron con pancartas. ¡Imaginaos!, no iba nadie a vivir a Lechago desde no se sabe cuándo», nos contaba Mariví. David contextualizó el lugar: «Lechago es un pueblecito pequeño, viven unas 30 personas». Llegaron allí el 30 de junio de 2013 y lo primero que hicieron fue montar un huerto. «Para integrarnos había que hacer las cosas que la gente hacía», nos contó Mariví. «El huerto nos salió bien, para ser principiantes. Llegó septiembre con las heladas y tuvimos que cosechar de golpe. En nuestros paseos aprovechábamos para coger moras. Y con todo esto hicimos mermeladas y conservas», nos contaba Mariví. David recordaba: «Monté una despensa y unas etiquetas bonitas para esos botes de mermelada». Se les ocurrió compartir por redes su producción casera y alguien comentó en una foto: ¡qué bonito!, ¿cuánto cuesta? «Ahí pensé: ¡tate!, ya lo tenemos, haremos mermeladas», dijo Mariví.

Siguieron elaborando, vieron que sus productos tenían éxito y en enero de 2014 decidieron montar un obrador en el garaje. «El estudio de mercado fue el bar del pueblo». Ese fue el germen de su empresa Mari Golosa. Algo muy importante, como vimos en la ruta de 2019,[16] fue contar con un espa-

---

16. Véase el libro *Biela y Tierra en ruta* (p. 131).

cio para que la gente pudiera probar sus productos antes de embarcarse en los trámites del obrador. Cuando se pusieron manos a la obra tuvieron más facilidades que en otros casos: «Por mi trabajo de delineante, tenía experiencia en legalizar locales para negocios, sabía los pasos, a quién preguntar, temas de ayuntamientos, de sanidad...», decía David. «Si no, te mueres en el intento. Hay mucha gente a la que le ha costado muchísimo legalizar sus negocios. La burocracia no distingue tamaños y los papeleos son costosos para pequeñas empresas», matizaba Mariví. «Fue una época muy bonita, de los mejores años de nuestra vida. Teníamos un ritmo más humano, sin pretensiones. Era una vida en la que teníamos tiempo para mirar el fuego». Mari Golosa desde el principio ha apostado por la calidad de sus productos y para la vida de las personas. Compraban tomates ecológicos a un productor de Burbáguena, cerezas ecológicas en Luco, etc. Y sus productos se distinguieron con el sello Artesanía Aragonesa y km 0.

Querían aumentar la producción: «Necesitábamos ampliar y el proceso en Lechago era muy complicado y costoso», nos decía Mariví. Empezaron a buscar, sabían que querían seguir en Teruel y optaron por el sur, para estar más cerca de Valencia, por la familia. Estuvieron visitando y hablando con administraciones locales y decidieron apostar por Rubielos, por las facilidades que nos ofrecía y la belleza del pueblo. En diciembre de 2019 alquilaron una nave y de 30 m² y pasaron a 400 m². «En febrero empezamos a construir el obrador y cuando llegó la pandemia nos pasábamos aquí 10 o 12 horas al día, adelantando trabajo. Aprovechamos mucho el tiempo y acabamos la obra», nos dijo David. En ese momento de ampliación los hermanos de Mariví, Inma y José, decidieron entrar a formar parte del negocio como socios, dejar Valencia y vivir en Rubielos de Mora.

Y la aventura no acaba aquí. Las personas que producían la cerveza artesana Mijares decidieron cerrar la empresa. David y Mariví se enteraron por casualidad y no lo pensaron dos veces: hablaron con Raúl y le ofrecieron comprar la marca y el material a cambio de aprender a hacer cerveza. Hemos tenido la inmensa suerte de probar estas cervezas y nos han encantado. Producen tres tipos: la River (una Golden Ale aromática y ligera), la Estresada (una Brown Ale con toques dulces y espuma tostada) y la Aragón (una Pale Ale con lúpulo aragonés y sabor afrutado). Se elaboran con agua de la Sierra de Gúdar y son perfectas para cualquier momento del día y para maridarlas con las mermeladas artesanas. Han cambiado el etiquetado y Joan, sobrino de Mariví, ha diseñado con mimo los dibujos.

La idea de Mari Golosa es seguir innovando y aprovechar el potencial del nuevo local. Mariví nos contaba que le gustaría traer grupos escolares para explicarles de dónde salen los alimentos. Nos parece una idea excelente: alimentar a las generaciones presentes a la vez que se conciencia a las futuras. «Recogemos la fruta del campo, la transformamos en mermeladas y los residuos orgánicos vuelven a la tierra. El bagazo de la cerveza, por ejemplo, lo que queda de la cocción del mosto, se lo damos a un ganadero del pueblo para sus vacas». Mari Golosa cuenta con un amplio surtido de productos: «Elaboramos 35 mermeladas. Aprovechábamos el tiempo en coche para imaginar nuevos sabores", nos dijo Mariví. «Tenemos la suerte de que prácticamente todo lo que producimos lo vendemos, estamos contentas», decía David. Y no es para menos, probamos las mermeladas de piña colada, pimiento rojo, manzana con pistachos, mandarina, albaricoque con semillas de sésamo y, por supuesto, la de higos y nueces que acababan de elaborar días antes y como dice su eslogan: «Mermelada extra artesana elaborada con fruta natural, a fuego lento y mucho amor».

La historia de Mariví y David es ilusionante y emotiva, pero el camino no ha sido fácil. Mariví nos contaba los inicios: «En Lechago lo del wifi era una película. Teníamos el ordenador portátil con el pincho y cuando queríamos mandar un correo o revisar pedidos cogíamos el coche, mandabas el correo cuando llegaba la conexión y te volvías. Las infraestructuras no están, las ayudas no llegan y creo que los políticos no están a la altura. Quienes toman decisiones no tienen ni idea de las dificultades que tenemos: el transporte es más caro y no llega todos los días, las distancias son más largas, etc. Debería de haber gente de a pie como asesores en los gobiernos». Como ya hemos visto en otros lugares, se utilizan los mismos criterios en las ciudades y en los pueblos, con una visión urbanocéntrica homogénea, siendo realidades muy distintas.

También en Rubielos, Meritxell y Javier, con sus peques María de tres años y los mellizos Olivia y Noé de dos, están recuperando una masía en el barrio de Los Arcillares, a unos doce kilómetros de Fuentes, casi en la frontera con Castellón. «Compramos unas ruinas hace 10 años con la intención de reconstruirlas, vivir siguiendo los ritmos de la naturaleza y recuperar el espíritu de autoconsumo de la cultura masovera basada en la diversificación». Meritxell es de Barcelona y Javier de Onda, en Castellón. Cuando proyectaron su vida tuvieron claro que querían que fuera cerca del bosque, construyendo relaciones más allá del consumismo y del éxito económico. «La familia de Meritxell procede de Los Ramones, un barrio de Olba. Conocíamos esta zona y nos gustaba. Empezamos con la idea de vivir en comunidad con otra gente, pero no funcionó y optamos por buscar algo para nosotros», contaba Javier. Encontrar el lugar no fue sencillo. «Buscábamos algo en un entorno diseminado. Probamos en distintos lugares hasta que dimos con Luis Javier, un vecino de Fuentes que nos ha abierto muchas puertas. Le contamos lo que estábamos buscando e hizo de puente y facilitador para que nos vendieran las ruinas».

«La gente no entiende que queramos recuperar un estilo de vida que ellos abandonaron». Han trabajado mucho y duro. Han tenido que instalar 1,5 km de manguera para hacer llegar el agua. Han rehabilitado una parte de una de las casas a pesar de que cuando llegaron los niños la obra se quedó parada. «No podíamos llegar a todo». Al llegar se preguntaron: ¿aquí, a qué se dedica la gente en el campo? Y vieron que la trufa, la apicultura y la ganadería eran las actividades principales. Empezaron con la apicultura como principal actividad generadora de ingresos e «incorporaron animales en casa, gallinas, ovejas y una yegua y un burro».

Y así surgió Miel los Arcillares: «Para comercializarla necesitábamos registro sanitario y un local para la extracción y envasado». Encontraron un espacio pequeño en el centro de Rubielos y montaron una tiendecita: «Aprovechamos para vender productos de artesanía local. Esa es la clave y lo que buscamos: diversificar. Nuestra filosofía es ser sostenibles, no crecer sin sentido». La preciosa tienda la reconoceréis por los girasoles de la puerta. Es un espacio acogedor y preparado con mucho mimo. Encontramos mieles de distintos tipos: «Una parte de las mieles son de otras personas de confianza que envasamos aquí», asegura. Además, cuentan con hidromiel, mermeladas de Mari Golosa, joyería artística y artesana

Muchic, macramé de Teresa de Los Lucas, pendientes de Viola de Fuentes y artesanía de cuero de Akrata (Pilar y Domingo).

«No paramos y debe ser así. Hay muchas cosas por hacer. Aquí tienes todo el tiempo del mundo y ni un minuto libre», reflexionaba Javier. Hace poco han empezado a camperizar un autobús: «Queremos visitar otros lugares y ya somos unos cuantos, así que nos lanzamos a por un bus de 30 plazas». Sus aventuras y desventuras las podéis seguir en su canal de YouTube Kariró Family. Los Arcillares no es el único barrio que recupera su vida tras haber sido despoblado. En otros barrios masoveros de la zona están llegando familias y jóvenes que buscan otro modo de vida, integradas en la naturaleza, con alto nivel de autoconsumo y estableciendo relaciones alejadas de las lógicas del capitalismo. En las Peñas, Torre Batán, las Clochas o el Rodeche están surgiendo proyectos muy interesantes... Nuestro paso por Fuentes nos llevó a una reflexión compartida por las gentes que conocimos: el regalo más importante es el tiempo. Disfruta de más tiempo con las personas más importantes de tu vida.

9 de agosto de 2021, Alcalá de la Selva

La suma que multiplica

¿Qué hacen una doctora, un herrador y un veterinario en un pequeño pueblo de Teruel? Parece el comienzo de un chiste, ¿verdad? Pues existe, se llama La Albarda y son tres jóvenes, Marta, Miguel y Toni, que han tomado la decisión de apostar por la ilusión. Se conocieron estudiando veterinaria en Zaragoza y desde entonces son amigos, socios, es decir, familia. «¡Menudos años! Entre el rugby, la escalada, los conciertos y los *euskotrip* podemos decir que nos lo pasamos muy bien», nos contaban entre risas. Al terminar la carrera marcharon, con el programa de prácticas internacionales de cooperación de la facultad de veterinaria de la Universidad de Zaragoza, a Latinoamérica: Marta y Miguel a Argentina y Toni a Guatemala. Miguel se volvió a Francia, donde trabajó varios años y se formó como herrador. Marta y Toni siguieron viajando y, después de un tiempo, sus vidas volvieron a cambiar.

Miguel, apasionado de los caballos, no desaprovechó la oportunidad de formarse en una de las mejores escuelas de herradores de Francia: «Conseguí la beca para los estudios, pero durante dos meses me tocó dormir en la furgoneta. Cuando Marta se fue a Estados Unidos me fui con ella y allí seguí creciendo y trabajando en lo que más me gustaba, los caballos», nos contó Miguel. Actualmente, es un referente, uno de los pocos veterinarios-herradores que se pueden encontrar por lo que le llaman de distintos lugares del mundo para trabajar. Marta, una oscense brillante, hizo el doctorado en Auburn University (Alabama) mientras era residente en medicina interna de equinos. Después estuvo en Nottingham y Glasgow y llegó un momento en que le pesaba estar lejos de la familia: «Durante muchos años volqué mi vida al 100 % a la clínica y la investigación, mi trabajo. Cuando fui madre, paré y ahí me di cuenta del ritmo frenético que llevaba. En la baja maternal me replanteé mis prioridades». Miguel y Marta querían vivir más cerca de los suyos así que pensaron en instalarse en Teruel. «Nos vinimos a Alcalá de la Selva, el pueblo de Miguel, porque no queríamos que la vida se ajustase al trabajo, sino el trabajo a la vida. Apostamos por poner por delante nuestra manera de vivir». Marta es la coordinadora del Centro de Innovación en Bioeconomía Rural del CITA en Teruel.[17] «Me daba miedo dejar mi carrera como internista e investigadora. Miguel me ayudó a abrir la mente. Aunque yo me formé de una manera muy específica, esto no tenía por qué limitar mis capacidades profesionales, al contrario. Mi trabajo actual es muy diferente y estimulante porque siento que ayudo. Desde nuestro centro recopilamos iniciativas, las difundimos, hacemos transferencia de la investigación a la gente».

Toni nos contó que con 17 años, sinceramente, no quería estudiar. Quería quedarse en Mosqueruela y estaba pensando en «echarse unas vacas». Sus padres le animaron a hacer una carrera y estudió veterinaria. «Allí me junté con una buena panda», recuerda. Volvió a su pueblo para ejercer de veterinario en la Agrupación de Defensa Sanitaria (ADS) de la zona. «Toni es uno de los mejores veterinarios que se encuentran por aquí, aunque él no quiera reconocerlo», nos dijo Marta. Algo tendrá en los genes de su abuelo, que tenía una vaquería en Zaragoza y repartía la leche en la calle Predicadores. Toni ha estado bastantes años de veterinario, la gente de la zona le conoce y confía en él, pero... ¡La cabra tira al monte! Toni quería vacas y tiene vacas.

Con Miguel y Marta en Alcalá de la Selva y Toni en Mosqueruela pasó lo que tenía que pasar: se juntaron, decidieron alquilar y comprar fincas, echarse unas vacas y formar La Albarda hace tan solo un año. «Sales, empiezas a ver muchas cosas y te das cuenta de que lo tuyo no está tan mal. Al contrario, tu tierra, tu pueblo vale mucho», nos dijo Miguel. Las cosas han ido rodadas. Cogieron una masía y una finca alquilada en Fortanete mientras buscaban ganado. Y las vacas llegaron: Jesús José, de Alcalá, pensó en quitarse la ganadería para quedarse solo con la agricultura. Han conseguido 75 vacas y 4 toros: 58 charolaise de Jesús José y el resto querían que fuese de una raza rústica: «Seguíamos buscando porque lo que nos interesa es tener dos líneas, una más rústica y otra más cárnica, para ver qué

---

17. Véase el cuaderno de campo de Tramacastilla.

es lo que mejor va». A través de Félix Martín y la asociación de criadores de raza serrana de Teruel (ASERNA) consiguieron los cinco ejemplares que ahora tienen. El rebaño se organiza en tres lotes de 25 ejemplares, cada uno con su toro.

Son inquietos, buscan e investigan. Desde el principio tenían claro que el manejo tenía que ser en ecológico y lo más resiliente posible. Ya habían oído hablar del manejo holístico y el pastoreo rotacional. «Yo estoy leyendo el libro de Savory. Me gusta lo que leo. Creo que tiene sentido», nos contaba Toni visitando la finca de Fortanete. Esta lectura fue una recomendación de AgroCultívate,[18] el equipo que les está acompañando como asesoría en la mejora de los pastos y manejo regenerativo. El enfoque regenerativo consiste en rehabilitar el suelo y mantenerlo productivo el mayor tiempo posible.

Con el pastoreo rotacional tratan de aumentar la carga animal en un espacio de tiempo corto, así se simulan los movimientos de los herbívoros en la sabana, es decir, la vida salvaje y, de esta forma, el pasto es mucho más fértil que antes. Cada vez hay más estudios que prueban que para el suelo es mucho peor una vaca pastando libremente en una hectárea, que 100 vacas poco tiempo en media hectárea. Para que esto funcione, los animales deben cambiar de zona cada vez que hayan agotado su comida. «Podemos tener muchísimos más animales si les limitamos el espacio y los vamos moviendo a medida que el pasto escasea. Dejamos entonces descansar el prado y cuando vuelven, la fertilidad ha aumentado por completo», nos contaba Toni. Toni, Marta y Miguel están investigando cómo aplicar este manejo llegando a un compromiso entre la mejora del suelo y los pastos y el respeto a la etología del animal.

· Para que La Albarda funcione debían hacer venta directa. «Es muy complicado porque a día de hoy no hay ningún matadero público para vacas en Teruel y menos en ecológico». Están barajando distintas opciones para empezar a comercializar. «Miguel y yo llevamos tiempo interesados en la soberanía alimentaria y lo que sí sabemos es que venderemos carne de

---

18. Véase el cuaderno de campo de Albalate del Arzobispo.

pasto,[19] nos decía Marta. «Nos gustaría también reducir la cantidad de cereal que aportamos a los animales. Queremos que su alimentación se cubra pastando a diente y, en invierno, con heno que provenga de la pradera natural de nuestras fincas», explicaba Miguel.

Las vacas de La Albarda llevan un manejo 100 % extensivo y al tenerlas sueltas tienen muchos menos problemas de salud, nos explicaron. Aprovechan los pastos de todas las fincas para pastar a diente y mueven las vacas a Alcalá para pasar el invierno. Es lo que se conoce como *trasterminancia*, movimientos estacionales de corto recorrido: de Alcalá a Fortanete tardan dos días. «Estamos muy ilusionadas, tenemos muchos proyectos en mente para desarrollar», nos decía Marta. Marta es una chica joven, dinámica y con iniciativas. Muestra de ello es el huerto escolar y otras actividades que están promoviendo en el cole desde el AMPA para favorecer que se involucre toda la comunidad en la educación de las peques en el pueblo.

Compartimos varios días con Marta, Miguel y Toni y comprobamos como en La Albarda la cooperación, el compromiso y el respeto están por encima de todo, aunque las bromas y complicidades no faltan. «No queríamos hacerlo solos. Toni tenía una idea parecida y nosotros incluimos los canales de venta directa», nos dijeron Marta y Miguel. Y es que estos tres veterinarios forman un *dream team*: están juntos para lo bueno y para lo malo, se apoyan, se quieren. Están arriesgando porque saben que tienen algo muy fuerte que les sustenta: el apoyo mutuo.

«Cuando volvimos a vivir aquí la gente del pueblo pensaba que no íbamos a aguantar. ¿A ver cuánto duran?, decían. Hasta que compramos las vacas. Eso ya significa que nos quedamos aquí. Para llegar a un pueblo tienes que tener paciencia y llegar con respeto», nos contó Miguel. Y ¿cómo no se van a quedar? «Si la gente antes vivía aquí del campo y la ganadería, con una masía, ¿cómo no lo vamos a hacer nosotros ahora que tenemos más tecnología y seguimos aumentando el conocimiento?».

Y nosotras afirmamos: por supuesto, este es su lugar. Solo hay que ver a Aran y Samuel, hijos de Marta y Miguel, cómo disfrutan de este precioso valle compartiendo vida con su abuela Encarna, una súper mujer. Mar-

---

19. Véase el libro *Biela y Tierra en ruta* (p. 149).

ta nos confesó: «Uno de mis objetivos es aprender todo lo que pueda de Encarna: apicultura, usos de plantas silvestres, recetas de cocina y, en general, de autosuficiencia». A Encarna le encanta el campo, se crio en Torrelacárcel, en el Jiloca, estudió turismo, vivió en París, Ibiza... Y volvió al pueblo para ayudar a su padre a llevar los campos de la familia: «A mi hermana no le interesaba y a mí me gustaba».

Tantas historias, reflexiones, risas... Tantos buenos momentos vividos con esta familia que nos ha abierto su casa, su vida y su corazón. Estaremos pendientes, siguiendo de cerca la evolución de La Albarda, que seguro es muy positiva. Encarna también lo cree y les apoya: «Yo valoro más la ilusión que transmiten que la rentabilidad del proyecto, porque la ilusión ni se compra ni se vende. Y la ilusión es lo que te da la vida».

Cuidando las raíces

Ya llevamos más de un mes pedaleando Teruel con paisajes muy diversos y mucho orgullo rural y amor por sus raíces y su tierra. Amor y orgullo que hacen que muchas personas no quieran abandonar sus pueblos. Amor y orgullo que hacen que muchos decidan volver y apostar por su futuro en tierras turolenses, porque una de las claves de la repoblación y del desarrollo rural es querer vivir aquí.

Cuando era joven, Artemio Conejos veía como todo el mundo se iba de Cedrillas, su pueblo. Él venía de una familia humilde e iba viviendo de lo que podía para quedarse en el pueblo. Le podían las razones emotivas para no irse: disfrutar de la casa, de la tierra y de su familia. Y no era el único. «Mi madre, Victoriana, aunque tenía familia fuera, no se quería marchar», nos contaba Laura, hija de esta pareja. Artemio empezó comprando perniles en masías y pueblos de alrededor. Los llevaba a casa en su bicicleta y los ponía a secar en la falsa, como se había hecho toda la vida, secado al natural. Cedrillas, a 1.364 m de altitud, tiene un clima seco, temperaturas extremas y está cerca de frondosos pinares. Estas condiciones consiguen un microclima perfecto para el proceso de secado del jamón y otros productos cárnicos con ventana abierta. Artemio fue aumentando su secadero poco a poco y pasó de ocupar un lugar en la falsa de la casa a utilizar también otra casa que le dejaron sus padres. Con el tiempo, construyó un secadero. Aprovechando todas las bondades del territorio, Casa Conejos fue fundada como empresa de secado al natural en 1954. «El secado al natural te facilita un producto que se ha elaborado de forma lenta, con respeto por el alimento, por el maestro artesano y por la salud del consumidor», explicaba Laura. Además, es necesario que este conocimiento no se pierda. «Es parte de nuestra cultura y hay que trasladarlo a los jóvenes para que lo valoren. Si valoras lo que eres tienes una autoestima más alta, estás orgulloso de tus raíces y querrás que esas raíces continúen». En este sentido es de gran ayuda la declaración del secado natural como Bien de Interés Cultural (BIC) por parte del Gobierno de Aragón.

Casa Conejos fue el primer secadero de Cedrillas y también fue la primera empresa elaboradora de ibéricos en Aragón. Siguiendo con su espíritu pionero y con su filosofía de vida, acorde siempre con la sostenibilidad de la zona, a principios de los años 2000 incluyeron una línea en ecológico. Laura nos contaba: «Mi experiencia de la infancia con los animales no tiene nada que ver con lo que se hace hoy. Los animales eran parte de la familia, tenían su carácter, su nombre». Recordaba también las razas autóctonas que manejaban en aquellos años, hoy en día extinguidas: segorbina y morellana. «Para nosotros es muy importante la calidad, no queremos perder los saberes ni sabores tradicionales. Por esto y por nuestros hijos quisimos apostar por una línea en ecológico».

La industria española del porcino supone el 39 % del total de la producción ganadera. España es el tercer mayor exportador mundial de porcino. Según el informe *¿Un país para cerdos?*, el tamaño de las granjas se ha incrementado de forma drástica, con el deterioro de las condiciones laborales y un creciente y fuerte impacto sobre el medio ambiente y el bienestar animal. Tradicionalmente la producción porcina en España se centraba en las explotaciones extensivas de cerdos ibéricos del Suroeste peninsular, ligadas a las dehesas, y, aquí en Teruel, en las pequeñas producciones familiares. El desarrollo de la ganadería industrial comenzó en los años sesenta del siglo pasado mediante la integración vertical fomentada por la industria de los piensos, que fue el actor clave. Los animales criados en ganadería convencional no tienen acceso al exterior y no verán nunca la luz natural. Además, el hacinamiento de los animales en las granjas convencionales conlleva un uso desmedido de antibióticos que se suministran, no para curar a los individuos enfermos, sino para prevenir la aparición de patologías. El impacto medioambiental, social y económico de la ganadería industrial es enorme. La ganadería industrial concentra riqueza, dispersa contaminación y vacía los pueblos, destruyendo el medio ambiente, la salud y las formas de vida rural en nombre de un modelo insostenible de producción de carne.

Recordamos la visita de Biela y Tierra a Loporzano[20] en septiembre de 2019, donde aprendimos que no todas las ganaderías son iguales y que, sin duda, ganadería intensiva y ganadería extensiva no tienen nada que ver. Al igual que no es lo mismo la ganadería convencional y la ganadería ecológica. La producción ecológica respeta el bienestar de los animales y su comportamiento. Esto se traduce en que todos los animales deben poder acceder al exterior, tener más espacio para moverse, acceso a pastos, etc. El recorte de colas y de dientes en los lechones está prohibido. En producción ecológica, como vimos con Huevos La Brizna,[21] no se pueden mantener los animales encerrados. Por supuesto, su alimentación debe proceder de piensos y materias primas ecológicas que cubran las necesidades nutricionales de los animales en las diversas etapas de su desarrollo. La sanidad animal en producción ecológica se basa en métodos preventivos en lugar del uso sistemático de antibióticos, en la selección de razas apropiadas, en una alimentación basada en piensos de alta calidad, en el ejercicio físico, en la reducción de cargas ganaderas (menos cerdos en cada granja) y unas buenas condiciones higiénicas.

La producción ecológica requiere más tiempo, cuidado y dedicación. Los animales siguen su ritmo natural de crecimiento y engorde. Laura comentaba lo siguiente: «Las ganaderías de producción ecológica de porcino siguen por convicción y nosotras también. Las cuentas no salen, pero es importante que los secaderos sigamos curando jamones ecológicos para que esta producción respetuosa siga». En Casa Conejos una pequeña parte de los productos son ecológicos y es económicamente viable porque la economía de la empresa se apoya en la producción convencional. ¿Cuántas veces hemos oído decir que la carne ecológica es carísima? Pero quizá la pregunta debería ser: ¿cómo puede ser la carne de ganadería industrial tan barata?, ¿se contemplan también los costes medioambientales y humanos?, ¿quién, o mejor dicho, qué generación va a pagar el uso desmedido de los recursos y la contaminación asociada a la producción de alimentos industriales?, ¿dónde queda el bienestar animal y la salud de las personas?

20. Véase el libro *Biela y Tierra en ruta* (p. 293).
21. Véase el cuaderno de campo de Villel.

Cedrillas es ejemplo de pueblo en el que ha permanecido gente. «Aquí la población se ha mantenido estable desde que yo era pequeña, la gente se ha quedado aquí porque quiere vivir aquí. Valoramos vivir en un sitio en el que puedes ocuparte de los tuyos», decía Laura. En Casa Conejos, a día de hoy, trabajan 30 familias. En este pueblo la presencia de más tejido e iniciativa empresarial que en otros ha favorecido la creación de puestos de trabajo.

Pero, como dice el refrán, no solo de pan vivimos, sino que necesitamos también alimento para el alma. Por eso, en Cedrillas, a orillas del río Mijares, está el Jardín de la Alegría. Conocimos a Gene, arquitecto y creador de este museo escultórico al aire libre, un joven que decidió volver a su pueblo. «A los 16 años salí del pueblo para estudiar y rechacé mi pueblo. Estudié arquitectura en Valencia y luego viví en muchos lugares: China, San Diego, Madrid, Londres... He hecho todo lo que quería, he conocido todo lo que necesitaba conocer y estaba vacío. Volví al pueblo y surgió la primera escultura junto con María Hernández, Vacío presente, para valorar que me estaba perdiendo algo. Me daba igual ir a la otra parte del mundo porque había algo dentro de mí que estaba vacío». Gene decidió colocar esta primera escultura en un antiguo bancal de cultivo en las afueras del pueblo. Actualmente ya cuenta con cinco esculturas y está planteando la sexta. Ramón Boter, pintor y escultor, es su principal colaborador.

La escultura que da nombre al parque se llama Alegría y se realizó en colaboración con el alumnado y profesorado del colegio de Cedrillas. «Es muy bonito como la gente va utilizando ese espacio, se apropia de él. El arte puede jugar un papel importante en las zonas rurales. En los pueblos tenemos una posibilidad interesante como espacio para acoger artistas». A través de la ruta #BielayTierraTeruel estamos viendo como el arte cada vez aparece con más fuerza porque nos ayuda a conectarnos con lo más profundo, con lo esencial:

VACÍO PRESENTE

Si dejas de sostener todas historias y creencias de la idea de tu personaje, encuentras lo que siempre has buscado; la Santidad ya está aquí...

105

Si sueltas todos los planes de lo que crees que necesitas para estar «bien» y descubres que ya tienes aquí los efectos buscados; la absoluta Paz ya está aquí...

Si borras los recuerdos y comprendes que lo que te lastima es el pensar: Lo que me trajo la alegría fue la forma concreta del recuerdo y creo que nunca más se reproducirá; el contenido de alegría del recuerdo ya está aquí...

Descarta lo falso y comprende que en cada uno debajo de cualquier situación, historia o cuento, la dicha y el goce se encuentren aquí...

En ese instante puedes entrar en el vacío del presente y obtener el presente del vacío. Descubre que nunca va a haber un momento más perfecto que este instante. Todo ya está aquí...

No hay mayor presente que el vacío, ni mayor vacío que en el presente.

Mayo de 2017

Artesanía desde el corazón

En Biela y Tierra preparamos las rutas con mimo y esmero: coordinar todas las visitas, los pedaleos y el trabajo de redacción requiere organización. Pese a ello, la ruta nos obsequia con bonitas sorpresas que nos llegan de gentes que visitamos en nuestro pedaleo. Así fue con Carmen. Gene, de Cedrillas,[22] nos habló de ella: «Si tenéis la oportunidad no dejéis de visitarla, más de 30 años como ceramista en el pequeño pueblo de Villarroya de los Pinares». Cuadramos agendas e hicimos una parada para conocer a esta fantástica mujer.

A la entrada del pueblo se encuentra Cerámica Villa Rubei, la tienda taller y apartamentos creativos de Carmen. Nada más llegar nos contaba: «Yo ya de muy jovencita tenía claro que quería quedarme a vivir aquí. En esa época mucha gente se iba, sobre todo las mujeres. Pero, claro, para ello era importante buscar un trabajo que me gustara, porque iba a pasar muchas horas haciendo eso».

Era la década de los ochenta y Elisa, Isabel, Lourdes, Teresa y Carmen, cinco mujeres de Villarroya, buscaban montar alguna actividad de autoempleo para poder quedarse en su pueblo. «Yo era la más joven, 18 años tenía. No sabíamos qué hacer. En una feria de artesanía, a la que fuimos a Zaragoza, conocimos a Joaquín Vidal y Susana Santa María, maestros ceramistas, que nos animaron a aprender y montar una cooperativa». Y así Carmen, junto a sus compañeras, empezó el proyecto, utilizando el local del antiguo horno de pan como taller. «Tras dos años de formación en la escuela taller, al final nos quedamos sólo tres en el proyecto, éramos muy jóvenes. Cuando cocimos las primeras piezas no dormimos en toda la noche, nerviosas por ver el resultado. Todo era muy emocionante, muy divertido, pasaba mucha gente por el taller para ver qué hacíamos. Teníamos un

---

22. Véase el cuaderno de campo de Cedrillas.

cartel que decía: esta empresa no funciona, pero tiene gracia», recordaba riéndose Carmen.

Han pasado ya 33 años desde esas fechas. Cerámica Villa Rubei sigue activa, aunque ahora ya solo queda Carmen en el taller. «Cuando crees en una cosa sigues adelante. No se te ocurre ser negativo. Hay que adaptarse y buscar alternativas, te vas reinventando», decía Carmen. A día de hoy Villa Rubei no es solo un taller de cerámica, sino que además de producir piezas artesanas, principalmente en gres, ofrece talleres y cursos tanto en su establecimiento como en otros pueblos. «Desde la pandemia, sobre todo, vienen familias a mi taller. Y a mí me gusta, compartes tiempo con personas. Yo me quejaba de que mi trabajo, en general, era muy solitario y los talleres y los apartamentos son una manera de encontrarse con gente, compartir y conocer», reflexionaba. Los apartamentos creativos son la última pata que han incorporado en cerámica Villa Rubei: alojamientos hechos con mucho cariño y esmero. «Casi todas las piezas que decoran las he hecho yo. Y por supuesto las vajillas, las tazas... En ocasiones les gustan tanto que cuando se van quieren comprarlo. Es mi mejor escaparate», decía con una sonrisa detrás de la mascarilla. Carmen reflexionaba que desde la pandemia la gente está más en su casa y le gusta tener en sus mesas productos bonitos, artesanos, de calidad y hechos con el corazón. Ojalá esta época que nos está tocando vivir sirva para darnos cuenta de nuestras prioridades.

El rato que pasamos con Carmen fue muy inspirador y nos regaló reflexiones interesantes. Remarcó especialmente la importancia que tuvo para ella comenzar esta andadura en grupo con otras cuatro amigas. Sin la fuerza del común es muy difícil avanzar, por eso, cuando en el mundo rural se quiere comenzar algo, una persona más en un pueblo es muy importante. «Hay que apoyarla al 100 %. No es lo mismo en una ciudad que viven miles de personas». Carmen es una mujer decidida que con fuerza y la colaboración de su familia y de su marido, José, va avanzando en su sueño. Un sueño que no es solo un trabajo, sino una forma de vida. «Todo lo que vas haciendo, todas las personas que conoces, todo en esta vida va sumando y todo son regalos», decía Carmen. Y tras esa preciosa mañana en nuestro camino seguimos ruta hacia el puerto de Villarroya, de 1.700 m de altitud.

Pedalear la comarca del Maestrazgo nos está regalando puertos y descensos espectaculares, bosques mixtos y pinares, zonas de pasto y valles... Carreteras serpenteantes con poco tráfico que nos descubren toda la riqueza de esta tierra. En un impresionante risco montañoso a 1.300 m de altitud, dominando la serranía, se encuentra Cantavieja. Este hermoso pueblo de 700 habitantes conserva un interesante conjunto arquitectónico declarado Conjunto Histórico-Artístico. Pero Cantavieja no solo merece una visita por su riqueza patrimonial y arquitectónica, sino también para descubrir su interesante paisanaje y, en particular, a la familia Gil Gascón que hace años formó Setrufma, setas y trufas del Maestrazgo.

«Mi padre siempre ha sido agricultor, tenía un poco de cereal y sobre todo truficultura con encina y rebollo. Fue uno de los pioneros del cultivo de trufa en el Maestrazgo», nos contaba Sergio. Valeriano y Antonia, sus padres, fueron sus maestros. «Yo recuerdo desde pequeño ir con ellos a recoger trufas y setas al monte». Setrufma, a día de hoy, recolecta setas silvestres (níscalos, llanegas, perretxicos, colmenillas, setas de cardo, boleto), trufas de sus propios campos cultivados y también trufa silvestre. Esta última solo para algunos clientes muy específicos y para dos de sus productos estrella: el aceite con trufa y el paté de níscalos. Y es que los hijos de Antonia y Valeriano, en el año 2017 inauguraron un obrador para potenciar todo el valor gastronómico de las especialidades micológicas de la zona. «Nosotros mismos llevamos a cabo todo el proceso, desde la recolección de las setas y las trufas en nuestro entorno natural, hasta la elaboración casera de conservas y embotados», nos contaba Sergio. Fueron sus hermanos, Cristina y Jose Enrique, quienes decidieron volver a su pueblo después de estudiar y montar el obrador para obtener todo el valor de la trufa. Son la cuarta generación de esta familia recolectora. Sergio, orgulloso, nos mostraba la foto con sus bisabuelos, abuelos, padres y hermanos en el monte.

Él ha sido la última incorporación a la empresa familiar y, con solo 18 años, ya tiene claro que quiere seguir con ellos. Está estudiando dos grados, marketing y gestión de ventas, para poder dar lo mejor de sí. Sergio nos explicaba que cada uno de los hermanos se ocupa de una cosa: Jose Enrique de los campos, Cristina del obrador y la tienda de Culla, y Sergio de las redes sociales, gestión comercial y la tienda de Cantavieja.

109

Compartimos la mañana con Sergio. Nos mostró un hermoso campo de rebollar donde recolectan y nos enseñó la tienda que tienen en el centro de Cantavieja, donde nada más entrar vimos las emblemáticas ovejas de Cerámicas Villa Rubei. «En esta tienda ofrecemos los productos que elaboramos y también productos artesanos, principalmente de Teruel. Para nosotros es muy importante ofrecer alimentos de calidad elaborados por empresas pequeñitas que asienten población en nuestros pueblos. Es nuestra manera de luchar contra la despoblación. Intentamos fomentar el desarrollo local y laboral de la zona».

Cantavieja es un lugar perfecto para cultivar trufa. «Esta necesita el frío para madurar y aquí hace mucho frío. Cuando la trufa está bien madura se ha de ver negra con vetitas blancas». La recolección de la trufa se sigue haciendo con perros, en esta familia es Valeriano el que los educa: «Para nosotros es importante que los perros estén bien y que buscar las trufas sea para ellos como un juego. Nunca están más de una hora seguida buscando trufas». Es importante cuidar la trufa y todo el proceso. Jose Enrique mima con esmero sus campos, se ocupa de la poda, del riego, del suelo... «Son como nuestras niñas, las cuidamos mucho». Para Setrufma la calidad es un sello de identidad. A partir de mediados de noviembre, cuando empieza la temporada, hacen envíos de trufa fresca, fresquísima. «Nos levantamos muy pronto, recolectamos la trufa y esa misma mañana la enviamos para que le llegue al cliente a casa en menos de veinticuatro horas con todas las propiedades intactas», nos contaba Sergio. También nos contó un truco: «Para conservar la trufa nosotros siempre aconsejamos congelarla». Además, en su página web podéis encontrar recetas deliciosas.

Cristina y Jose Enrique comenzaron hace cuatro años con la elaboración de cinco productos y, a día de hoy, su oferta ya cuenta con 26. Tienen principalmente tres líneas: deshidratados de setas; harinas y sales de trufa; setas y patés y aceites. «Uno de mis preferidos es la cebolla caramelizada con trufa y también el paté exclusivo de trufa, algo que no es muy habitual», nos decía Sergio. Su producto es artesanal, se elabora con mimo, cuidado y profesionalidad. Setrufma es, en esencia, una empresa familiar: «Trabajamos solo la familia y estamos al corriente de cómo ocurre todo el proceso. Trabajar en familia es gratitud y que todo salga como nos gusta, controlamos todos los procesos a la perfección». Setrufma ha apostado por la venta directa con sus tiendas y la venta *online*, aunque complementan con distribución a muchos lugares de España. «A nosotros lo que nos gusta es que la clientela venga a Cantavieja, conozca nuestros productos y nuestra historia», nos decía Sergio. Y es que en Setrufma, como dice Valeriano, lo tienen claro: «Si se hace, se hace bien, si no, no *cal* hacerlo».

Las empresas familiares, los proyectos pequeños que trabajan con esfuerzo y corazón, como Villa Rubei o Setrufma, siguen siendo un pilar esencial para el tejido empresarial de las zonas rurales, como ya vimos con Mari Golosa,[23] Azafrán La Carrasca,[24] Espelta Sierra de Albarracín,[25] Quesos Ojos Negros[26] o la familia de Valeriano en Albarracín.[27] Pequeñas iniciativas que trabajan cada día para mantener sus pueblos con vida y ofrecer productos de gran calidad. El poder de lo pequeño.

111

---

23. Véase el cuaderno de campo Rubielos de Mora.
24. Véase el cuaderno de campo Blancas.
25. Véase el cuaderno de campo Bronchales.
26. Véase el cuaderno de campo Ojos Negros.
27. Véase el cuaderno de campo Albarracín.

El futuro está en lo rural

Aunque la patata es un alimento básico en los hogares, poca gente sabe que la mejor se cultiva a más de 1.000 m de altitud. En España se consume al año una media de 26 kilos por persona. No queríamos irnos de Teruel sin saber algo más sobre este cultivo y en Fortanete conocimos a José María, agricultor ecológico que hace patata de secano a 1.400 m de altitud. «Se parece a jugar a la lotería. La siembras pero no sabes cuánta vas a recoger. Depende de la lluvia, las heladas, el pedrisco... Y, últimamente, el problema más grande es la fauna salvaje». Consciente de que no se pueden poner todos los huevos en la misma cesta, cogió el relevo de la empresa de construcción de su tío y compagina la agricultura con la construcción.

«En esta zona tenemos tierras que producen patatas fácilmente. Tienen buena fama por la altura y porque se cultivan en secano. Quien las prueba nota la diferencia», nos dijo José María. Juan Laborda, ingeniero agrónomo del Centro de Estudios Rurales y de Agricultura Internacional (CERAI), nos explicaba lo siguiente: «La patata es originaria de los Andes y se cultiva tradicionalmente en el altiplano; es evidente que las zonas de altura serán las más adecuadas para su cultivo. Al ser el clima más fresco, se pueden poner variedades de ciclo largo que crecen más despacio (cuatro meses frente a tres)». José María lo confirma: «En Fortanete, por la climatología, los ciclos son más tardíos y no tenemos los problemas de las zonas más bajas». La patata en altura tiene menos plagas y enfermedades, ya que las bajas temperaturas controlan los ciclos de las más habituales. También tienen menos afección de virosis y se utilizan como patatas de siembra. La calidad está relacionada con el tipo de crecimiento de los tubérculos: «Al enfriarse los suelos entre la noche y el día se favorece que los tubérculos tengan más presencia de fécula. Es más difícil que se den crecimientos muy rápidos que incrementan el porcentaje de agua en los tejidos del tubérculo, disminuyan la calidad y empeoren sus propiedades culinarias y organolépticas», apuntaba Juan Laborda. «Mi familia siempre había hecho patata y, a raíz de un curso de agricultura ecológica que hice, me di cuenta de que lo que se exigía para el certificado era similar a lo que hacíamos y lo ecológico le daba un sello de calidad. A principios de los 2000 me apunté con 12 hectáreas a unos ensayos del CITA[28] de cultivo ecológico de patata, garbanzo y lenteja. Empezamos varios y montamos una cooperativa de patata ecológica de la zona, pero al final me quedé yo solo».

José María, junto a Iluminada, su hermana, que se ocupa del envasado, comercializa la patata directamente para que el valor añadido se quede en casa. Lo venden a particulares, grupos de consumo y también en nuestro supermercado cooperativo A vecinal.[29] ¡Qué alegría nos da conocer directamente los campos y las personas que nos alimentan! La patata es uno de los cultivos que más viaja entre fronteras para especular con él. En España, en el año 2020 se exportaron 284.809 toneladas y se importaron 914.443 toneladas. Se exporta a Europa hasta un 70 % de la patata nueva, de gran calidad, que producimos, mientras aquí se consumen patatas viejas de otros países que se cepillan, lavan y presentan de forma atractiva pese a su baja calidad. La producción de patata en España se ha reducido un 60 % en los últimos 20 años, dejando caer este sector que tradicionalmente ha tenido una importancia destacada en nuestro país. Trabajar por la soberanía alimentaria significa comprar local y apoyar a nuestras agricultoras y agricultores. «Parece increíble, pero se venden patatas por muy poco dinero y se destinan a alimentar animales», nos contó José María. ¡Animamos a todo el mundo a que ponga su pequeño tajo de patata ecológica en el huerto!, con 30 m² es suficiente para una familia.

José María también cultiva cereal y algo de forraje: trigo, cebada, centeno, avena y pipirigallo. Es inquieto y le gusta hacer pruebas con girasol, garbanzo, habas forrajeras... «La verdad es que esta zona no es muy productiva. Yo sigo con la agricultura porque me gusta, lo he hecho toda la vida». Hablamos con él sobre el futuro de la agricultura y de nuestros pueblos y lo tiene claro: «Tanto para vivir en el pueblo como para ser agricultor

113

---

28. Véase el cuaderno de campo Tramacastilla.

29. Véase el cuaderno de campo Calamocha.

te tiene que gustar. Pero que haya o no relevo depende en gran parte de darle el valor que tiene, que esté bien visto. Parece que quien es agricultor es porque no le queda otra cosa y no es así. El sector primario está infravalorado». Parte de esto tiene que ver con la imagen que dan los medios de comunicación. Muchas veces muestran un mundo rural folclórico y alejado de la realidad. «La prensa, la radio, la tele... tienen un papel decisivo para desmontar falsos mitos. Tenemos que cuidar nuestros pueblos para que no se queden vacíos. Si se pierden servicios básicos es mucho más difícil recuperarlos», nos decía.

Quienes tienen claro que su futuro está ligado al sector primario y a la tradición de su familia son Juan y Mapy Martorell Gargallo, sexta generación de ganaderos trashumantes, primera en hacerlo exclusivamente con ganado vacuno y que comercializan directamente a través de su marca Sabor Trashumante. Como ya vimos con Los Belenchones,[30] la trashumancia es una práctica milenaria que imita los movimientos naturales de los grandes herbívoros siguiendo la evolución de las zonas de pasto verde. «Nosotros hacemos la trashumancia también por una cuestión económica. Si nos quedamos aquí en Fortanete, con el frío que hace en invierno, tendríamos que tener infraestructura, naves, tractores, gastar mucho dinero en pienso y forraje...», nos decía Juan. «Para vivir en el pueblo y quedarnos aquí, apostamos por hacernos ganaderos ya que lo habíamos vivido desde siempre», nos explicó Mapy.

La tradición trashumante les llega por la familia de María Pilar Gargallo, la madre de Mapy y Juan, que hacía la trashumancia de los puertos de Fortanete a la zona de Levante, el extremo. Allí conoció a su marido, Lionell Martorell, que con 14 años consiguió su primera oveja. «Compré mi primera oveja vendiendo caracoles», se reía Lionell. Él no venía de familia ganadera pero, al conocer a María Pilar, se unió a la tradición. Lionell y María Pilar trabajaron siempre con ovejas. Tenían ovejas carteras, mezcla de raza aragonesa y merina, y en los últimos años se especializaron en las merinas por la calidad inigualable de su lana. «Mi madre sigue haciendo queso para casa con leche de gente cercana. Hoy mismo está elaborando

---

30. Véase el cuaderno de campo Guadalaviar.

el tradicional queso de Tronchón», nos contó Mapy. Durante años de pastoreo se dieron cuenta de un fenómeno, que nos contó Juan: «Había una parte de las fincas que las ovejas no se la comían porque el pasto se había hecho muy viejo, muy duro. Con las vacas se podía complementar y mejorar las fincas». Compraron las primeras cuatro novillas de raza avileña en la feria ganadera de Cedrillas. Escogieron esta raza porque es una raza rústica que necesita poco aporte externo de piensos, aprovecha bien el pasto. «Es una raza con facilidad de parto y muy andarina, menos señorita, que no le importa subir a los riscos». Mapy y Juan tienen un rebaño conjunto de 200 vacas: «Aparte de la avileña también trabajamos con la berrenda en negro y berrenda en colorado. Las tres son del tronco ibérico. Son razas distintas, pero morfológicamente muy parecidas».

Siguen con la tradición familiar por un motivo claro, según Mapy: «Somos dueños de nosotros y de nuestro tiempo». Y Juan añade: «Hoy en día, cualquier persona que quiera entrar en el mundo ganadero tendría que plantearse, por lo menos, que fuera ganadería extensiva. [...] Hay veces que dicen que la trashumancia se va a acabar, pero aquí seguimos nosotros. Tiene futuro, cada día hay más gente que está apostando por seguir. Es lo mismo que con la venta directa. Hay más gente que está empezando por la zona y dicen ¡os van a hacer la competencia! Al contrario, mucho mejor si somos más». Como ya hemos visto otras veces y como también hace José María con la patata ecológica, eliminar los intermediarios es la forma de acceder a precios más justos para quien produce y quien consume. Y, sobre todo, como nos decía Mapy: «Nada es equivalente a ver a la clientela recibir la carne. Valoran mucho que sea yo, la ganadera, quien lo lleve a la puerta de casa». De esta manera quien compra puede conocer el origen de sus alimentos y además preguntar por consejos, recetas, etc., a los hermanos Martorell. «Es una locura que la carne se compre envasada en plástico en bandejas de los supermercados», añadió Juan. «La ganadería es un servicio esencial y se ha demostrado durante la pandemia. Ofrecemos alimentos de calidad para nutrir a las personas», explicó Mapy.

Dos veces al año la familia Martorell Gargallo hace la trashumancia. Tardan dos semanas desde Fortanete hasta el Delta del Ebro y pasan por lugares como los puertos de Tortosa-Beseit o la zona de Els Ports. Se quedan seis meses y de vuelta. La trashumancia es una época de máxima atención. Moverse con 200 animales y sus terneros no es tarea sencilla. «Para hacer esto vamos, como mínimo, de cinco a siete personas: pastor guía, pastores a caballo, los de escoba que acompañan a los pequeñitos y las personas que se ocupan del hato». Pastorean a caballo y a pie para poder controlar bien el rebaño. «Una vez que las vacas han hecho el camino ya se lo saben para las siguientes veces, aunque siempre hay alguna más movida», decía Mapy. Con esta familia aprendimos que cada vaca tiene su carácter, son animales gregarios con las jerarquías muy marcadas. «Es importante estar atentas a las

que mandan para que no abusen de las otras y les dejen beber agua cuando llegamos a los abrevaderos». Muchas son las anécdotas que nos contaban entre risas. «Ahora mismo tenemos a un grupo separado del resto, El Comando, lo llamamos. Son las fugitivas. Hay una que siempre está fuera del pastor eléctrico y enseña al resto a escaparse. Las hemos tenido que separar para que no descontrolen a las demás», nos decía Juan. En una de las trashumancias, una noche, todavía no saben por qué, las vacas se escaparon. «Imaginaos, estábamos durmiendo y escuchamos como una estampida, tipo Jumanji. Esperamos a que se parasen y ¡ala!, a buscar vacas de noche durante horas. A las seis de la mañana conseguimos tener la situación controlada y mi padre nos dijo: "venga, a hacer café y a seguir andando"», reía Mapy.

Cuidar del rebaño y del bienestar de los animales es la prioridad de estos hermanos. Tras la trashumancia el rebaño queda pastando en distintas fincas y dos veces al día van a verlo para comprobar que todo está bien. Fuimos con ellos a la finca de Cantavieja, nos presentaron a algunas de ellas por su nombre y nos encantó ver cómo están pendientes de cada animal. «Conocemos todas las vacas y estamos atentas para adelantarnos a los problemas que pueda haber», dijo Mapy. Juan nos explicaba que lo más importante durante la trashumancia son los puntos de agua y que en los lugares donde paren a descansar haya comida. No por su comodidad, sino por la de los animales. «La trashumancia es muy bonita y llamativa pero lo importante es mantener las vías pecuarias en condiciones, que no desaparezcan. El folclore ya lo pondremos luego». Conservar la trashumancia es tarea de todos y como dice esta bonita familia: «la vida trashumante, la vida mejor».

17 de agosto de 2021, Pancrudo

Latidos de juventud y esperanza

Al planificar el viaje es difícil seleccionar las iniciativas, son muchas las que descubrimos y no siempre podemos llegar a todos los sitios donde nos gustaría. Tenemos límites. Esto nos pasó en Cuencas Mineras, así que propusimos hacer un encuentro abierto con la Asociación el Calabozo e iniciativas de la zona en Pancrudo. De esta manera cumplíamos un doble objetivo: nosotras pudimos conocerlas y, a la vez, se daban a conocer en el pueblo. Llegamos hasta Miravete en bici. Elisa, de Nylon Silvestre, nos acogió unos días en su casa y nos llevó hasta Pancrudo.

En 1982 se cerró la central térmica de Aliaga, uno de los pueblos de la zona, y las minas de carbón se fueron abandonando progresivamente. Los edificios del barrio minero Santa Bárbara se estaban vaciando. Los padres de Elisa llegaron de visita y les gustó tanto la zona que vieron claro el vivir aquí. Compraron la antigua escuela de las niñas y después de vivir en Asturias, Aínsa, Teruel, Ibiza, y cuando Elisa tenía seis años, consiguieron estabilidad profesional y se trasladaron a esta casa. A Ana y Manuel, padres de Elisa, les encanta la montaña y la bici. «Me acuerdo mucho del huerto, del que mi padre es muy fanático, de estar en el monte e identificar las plantas, de salir a pedalear en familia y no querer subir la cuesta de Miravete a Aliaga. Y recuerdo también cómo mis padres nos decían muchas veces: "¡Jo qué bien estamos aquí!, en lugar de coches escuchamos pájaros". Mis padres me inculcaron el amor por lo rural», nos contó Elisa.

Con 16 años se fue a estudiar el bachillerato artístico a Teruel y después Bellas Artes a Bilbao. «Necesitaba salir, experimentar cosas nuevas, conocer... No me atraía especialmente que fuese una ciudad, pero sí que seleccioné Bilbao por la lejanía», recordaba Elisa. Durante los estudios cada verano volvía a trabajar en los retenes. «Para mí era primordial, no solo por la independencia económica, también porque había desarrollado un arraigo fuerte con el territorio y era muy importante para mí conocerlo. Ahora,

117

en verano, sigo con este trabajo, no puedo dejarlo. Me gusta porque estoy en paz, estoy de acuerdo con lo que hago, siento que tiene una utilidad real y, además, me ancla a la tierra literal y espiritualmente».

«En Bilbao descubrí gente con la que compartir proyectos creativos. Me sentía legitimada para hacer lo que quería hacer, cosas que en Aliaga hubiesen sido marcianadas». Elisa durante esos años investigó el mundo de la *performance* y se especializó en audiovisual. Al volver a Teruel se dio cuenta de que quería vivir en lo medio rural y empezó a buscar la manera de relacionar su arte con la vida en un pueblo. Comenzó en la Sierra de Albarracín, donde instaló su taller. Se dedicaba a la ilustración, a la serigrafía y a hacer ferias. Siguió dando vueltas y participó en un intento de construcción de una ecoaldea en Sierra Estronaz. «No funcionó, pero la experiencia me gustó. Me parece interesante vivir a otro ritmo con tranquilidad y lentitud», reflexionaba.

Elisa volvió a Cuencas Mineras. «Un día, un amigo me propuso hacer un mural en una casa como regalo de bodas. No lo había hecho nunca, pero me animé y hasta ahora, que ¡ya llevo 25 paredes pintadas en un montón de pueblos!» Visitamos dos de los murales que Elisa recuerda con más cariño: el de Jarque de la Val, que se realizó en colaboración con las gentes del pueblo y, su última obra, el lavadero de Portalrubio. Para esta última Elisa contó con la colaboración de Amparo, hija del pueblo, con la que dieron forma a la idea. Elisa valora y agradece tener a alguien del pueblo con quien compartir el proceso creativo. «Me ha costado mucho entrar en el mundo del muralismo y he tenido que enfrentarme a retos. Yo nunca había hecho obras de gran formato y no tenía ningún referente, pero he confiado y me he lanzado a la piscina. A medida que iba haciendo las cosas he ido creciendo. Me he sentido arropada y apoyada. En una ciudad hubiera vivido un ambiente mucho más competitivo», decía. El mundo del arte en nuestros pueblos es un elemento más para construir sociedades completas: «No entiendo la sociedad rural como un monocultivo. Me niego a que nos quedemos solo con agricultura y ganadería. La expresión artística es imprescindible».

«Varios de los murales que he hecho son para visibilizar a la mujer, su trabajo y su presencia durante tantos años olvidada», decía. Los dos ámbitos profesionales de Elisa tienen un claro componente masculino. Elisa nos contaba cómo trabajando en las cuadrillas tenía que demostrar constantemente su valía para ser considerada igual entre sus compañeros. Y algo parecido le ha pasado haciendo murales. «A veces estoy pintando una pared y aparece alguien, generalmente un hombre, que empieza a darme consejos como si yo no fuese la profesional que sabe lo que está haciendo. ¿Haría los mismos comentarios si fuese un hombre?», reflexionaba Elisa.

Participa en distintos movimientos, tiene muchas facetas creativas y comprometidas. Fue la que nos conectó con las iniciativas que se acercaron hasta Pancrudo. Una de ellas fue Nora, de la Asociación Protectora Animales Utrillas. Esta asociación nace de la necesidad y sensibilidad por el bienestar animal. Nora nos decía: «Quizá en los pueblos esto es más difícil, pero queríamos trasladar otra manera de tratar a los animales». Comenzaron cuatro personas de manera individual y, al ver el volumen, pidieron al ayuntamiento un local para poder albergar a los animales en condiciones. A día de hoy ya son 20 voluntarios con un refugio para perros y otro para gatos. «Las limitaciones económicas son grandes; por eso se nos ocurren cosas: hicimos un mercadillo de libros que salió muy bien y, el 11 de septiembre, organizamos un mercadillo de ropa», decía Nora. Su interés principal es buscar el bienestar entre vecinos y animales, una gran labor para nuestros pueblos.

Desde Fuentes Calientes llegó Nacho. «Quería quedarme con ganadería en el pueblo. No quería cerdos porque el modelo intensivo no me convence. Me llamaban las vacas, pero este terreno no es bueno, así que nos aventuramos con las yeguas y venta de potros para carne», nos contó. Empezó en junio de 2020 y el primer problema fue encontrar yeguas. «Buscábamos razas rústicas y recorrimos media España. Ya tenemos 40 yeguas de la raza burguete e hispano bretona». Vienen del cruce de un caballo de trabajo con una yegua de aptitud cárnica. El padre de Nacho lleva desde los 90 con cereal en ecológico, es uno de los pioneros de la zona. «La idea es, con el tiempo, poner las yeguas en ecológico y hacer venta directa de la carne», nos contó Nacho. Una de las mayores dificultades es la falta de mataderos cercanos. Como también nos dijo Valeriano en Albarracín,[31] Nacho lo tiene

31. Véase el cuaderno de campo de Albarracín.

claro: «La carne de calidad se acabó cuando se cerraron los mataderos municipales». Estamos seguras de que el proyecto de Nacho superará todas las dificultades. Él afirma: «Todo el mundo se ha volcado mogollón. Estoy muy agradecido por la ayuda».

Seguimos aprendiendo de ganadería, pero de otro tipo. Nacho, Alberto y José Luis, tres amigos de Cuevas de Almudén que siempre tienen muchas ideas y nuevos desarrollos, crearon Just Bugs SL. «Lo más sencillo hubiese sido invertir en una granja de cerdos, pero no lo contemplamos por la problemática de contaminación por nitratos. Pensamos producir insectos. Están infravalorados, de los insectos se obtienen muchas cosas: miel, colorantes...». Son la primera empresa de Aragón dedicada a la cría de insectos. «Ha sido toda una odisea a nivel burocrático, pero por fin tenemos todos los papeles», contaba Nacho. «Es una ganadería muy técnica. Tienes que controlar mucho las condiciones de temperatura y humedad». Querían empezar produciendo grillos y al final han optado por el gusano de la harina, porque ya está legalizado para alimentación humana en la Unión Europea. Aunque no forman parte de nuestra gastronomía tradicional, son alimentos muy completos con porcentajes de proteína muy elevados (cerca del 60 %) y bajo contenido en grasa. Estamos deseando que los comercialicen para poder probarlos.

Tuvimos la suerte de terminar la jornada con música de calidad. La banda NiZorra! Rock de Teruel nos acompañó en formato acústico. Adrián y Joaquín de Galve, Fran de Palomar, David de Mas de la Matas, Rodri de Escucha y Elisa de Aliaga se juntaron para reivindicar la lucha de los pueblos a través de la música y la poesía. Sus conciertos son una mezcla de guitarra eléctrica y bajo con clarinete, dulzaina y gaita. La gente de Pancrudo se quedó con la boca abierta y las palmas calientes de aplaudir ante estos jóvenes comprometidos con su tierra.

En las Cuencas Mineras nació el Día Universal del Orgullo Rural. Elena y Jessica vinieron para contarlo: «La base de todo empieza en querer vivir en el pueblo. Esta idea nace del hartazgo de la imagen que se daba, especialmente en los medios de comunicación, victimista y negativa de la vida en los pueblos», dijo Elena. «Teníamos primero que creérnoslo y después transmitirlo. Pensamos que la mejor manera era hacer una fiesta y hacerla bien: con bandera, himno, logo...», contó Jessica. La bandera tiene varios colores: azul del cielo, amarillo del sol, marrón de la tierra, verde de los ríos, verde de la vegetación y rojo de los minerales. «Es un símil a la lucha LGTBI, una lucha que lleva muchos años en defensa de la igualdad e inclusión de la diversidad». Reivindican la igualdad entre el mundo urbano y el mundo rural. En el centro de la bandera se ven unas estrellas, la osa mayor porque los pueblos son el mejor lugar para ver las estrellas. «Nos une la osa mayor con todos los pueblos del mundo», explicó Elena. Eligieron el 16 de noviembre porque está fuera de la temporada de verano, cuando empieza el frío. «Aunque el campo se queda parado, nosotras no paramos», dicen, y también, porque coincide con el Día de la Tolerancia. «Pedimos tolerancia de la ciudad a los pueblos».

Nos llenamos de la fuerza de las gentes de Teruel. Al finalizar, compartimos risas y terraza fría con un grupo de jóvenes amigos rurales y comprometidos. Viven cada uno en su pueblo, lejos unos de otros, pero todas las distancias son cortas cuando la voluntad y el espíritu de unión van por delante. Nos impregnamos de ganas y coraje, como dice el siguiente poema de NiZorra!:

Somos el camino, la voz guerrillera
la lucha que mantiene vivos los latidos de esta tierra
GRACIAS

121

Cultiva saberes, cosecha futuro

Entramos en la comarca Andorra-Sierra de Arcos desde Cuencas Mineras por el puerto de Majalinos, puerto de primera categoría que nos llevó hasta los 1.450 m de altitud y a disfrutar de unas espectaculares vistas. Nuestra primera parada en esta comarca fue Ejulve, histórica puerta de entrada al Maestrazgo y el punto de partida de la ruta turística The Silent Route. La actividad minera ha marcado profundamente la economía de la zona, pero con la desaparición de las minas y el cierre de las centrales térmicas se ha impuesto la necesidad de reorientar su actividad económica. Apostar por la sostenibilidad y el apoyo a la producción local y artesana se ha convertido en una prioridad desde la comarca. Estos valores son coincidentes con los de Biela y Tierra, así como la fuerza de este territorio que pulsa con corazón de mujer. Marta Sancho es la primera mujer que preside la comarca y es la impulsora del Plan de Sostenibilidad Turística en Destino que propone el turismo sostenible como palanca de desarrollo y convertir a la comarca en un destino inteligente basado en la sostenibilidad, el bienestar, la salud, la armonía, la calma y el equilibrio.

Otras mujeres valientes y decididas viven en estas tierras. Ejemplo de ello es Luisa, de Quesos Artesanos Los Santanales, en Ejulve. Es expresiva, jovial, divertida y con una energía que desborda. Hace 33 años que se mudó a Ejulve desde Mosqueruela, su pueblo natal. Llegó sin saber nada de animales para unirse al proyecto de su compañero Pedro, que se había echado cabras. «La familia de Pedro desciende de Ejulve y tenían aquí tierras. Mi suegro era veterinario y nos animó con las cabras. Al principio vendíamos la leche y después de dos años decidimos montar la quesería», nos decía Luisa. Pedro se formó como quesero en Cantabria y en Murcia. Tienen un rebaño de 250 cabras murciano-granaínas. Las organizan en tres lotes y tienen leche para elaborar queso fresco, semicurado y curado. Además, compran leche a una vaquería de Alcorisa para hacer queso de cabra y mezcla de vaca y cabra. ¡Todos ellos riquísimos!

Luisa es también una de las productoras del Mercado Agroecológico y Local del Norte de Teruel,[32] que se celebra el tercer jueves de cada mes en Andorra. «Sobre todo sirve para concienciar, para que las personas conozcan de dónde vienen los alimentos y aprendan a diferenciar el alimento industrial del alimento artesano», nos explicó Luisa. Nuestro consumo es un acto político. Cada vez que vamos a comprar estamos apostando por un modelo de mundo u otro. Si llenamos nuestra cesta de productos industriales producidos por multinacionales y distribuidos en grandes supermercados, el beneficio recae en grandes lobbies que buscan un mundo homogéneo y hacen del alimento una mercancía. Si compramos productos artesanales de pequeños proyectos familiares en nuestro mundo rural, apoyamos que nuestros pueblos conserven su paisaje, su paisanaje y su riqueza. Además, estos productos nacen del cariño y dedicación de los artesanos que los producen, son mucho más sanos con las personas y el planeta. «Deberíamos poner más intención en nuestro consumo, en lo que comemos. Si nos alimentásemos de una manera más saludable no tendríamos muchas de las enfermedades que nos rodean», reflexionaba Luisa.

Pero las dificultades de los proyectos familiares como Quesos Los Santanales son muchas: «Somos muy pequeños, elaboramos a diario y, como tenemos una parte importante de producto fresco, tenemos que venderlo rápido. En Teruel hay muy poca población y cada vez que repartimos debemos hacer muchos kilómetros. La venta *online* es complicada porque las empresas de reparto no vienen hasta Ejulve si no es por una cantidad determinada y la mayor parte de veces no llegamos». Esto, sumado a la burocracia y papeleo, se convierte en una losa que han de superar. «Aunque dicen que están apoyando a los pueblos, yo no lo noto. Nos exigen muchísimo», nos decía Luisa. A pesar de las dificultades, sigue con la quesería y sus animales.

«Yo quiero un montón a las cabras, pero me ha costado mucho aprender. Por la mañana voy a ordeñarlas y por la tarde salimos a los pastos. Notas como cada una tiene su carácter, las hay más revoltosas y otras más

123

---

32. Véase el cuaderno de campo Villel.

tranquilas. Las llamo y vienen todas. Hemos ido aprendiendo juntas, las cabras y yo, sobre cómo formar un buen rebaño. Cuando empecé, las ganaderías eran mucho más humanas, más pequeñas, había un trato de más cariño. Ahora todo tiende a hacerse grande e intensivo. La ganadería extensiva se va dejando por muchos aspectos, actualmente está muy mal. Aquí tenemos mucha tierra, es un territorio ideal y podría hacerse muy bien», recordaba Luisa. Reconocer el valor de la ganadería extensiva urge. Es la ganadería que se adapta al medio y lo complementa, esencial para los animales y las personas porque, como dice Luisa: «Cuanto más desconectada estás de la tierra, más estrés, ansiedad, irritabilidad e individualidad tienes. Si te vas un día a la montaña, aunque no sepas meditar, meditas y no te hace falta ninguna pastilla».

Los días de nuestra visita fueron movidos: un día las cabras se escaparon, otro día el reparto se complicó, al siguiente estuvo lloviendo sin parar... Luisa para, respira y recuerda lo siguiente: «En lo rural empatizas más con lo exterior, te adaptas. Cuando vives y dependes de la naturaleza aprendes a tener paciencia y a que todo no se puede controlar». Nos quitamos el sombrero ante al esfuerzo y dedicación del sector primario que trabaja cada día para proveernos de alimentos sanos, justos y sostenibles. Bien lo saben Estrella y Pili, hijas de Pedro y Luisa, que ayudan esporádicamente en la quesería, aunque ahora tienen otros intereses. Luisa reflexionaba: «La quesería siempre estará ahí para ellas, pero las animo a salir para que aprendan y conozcan otras cosas. Para valorar lo que tienen en casa han de verlo desde fuera. Si la mayor parte de tu vida es trabajar, has de encontrar eso que te gusta. A mí me gustan las cabras y la quesería. Quiero que mis hijas elijan lo que a ellas les guste».

Nuestra estancia en Ejulve nos trajo aromas de hogar. El azar nos llevó a encontrarnos con Chemi y Cristina, amistades de Zaragoza, que nos acogieron y nos hicieron formar parte de su bonita familia, junto a Jesús e Isabel, padres de Chemi. Jesús es de Ejulve y se crio hasta los 11 años en la masada La Solana. Con mucho cariño, recuerda sus vivencias masoveras y las ha recogido en su libro *Memoria de las raíces*.[33] Esta familia nos llevó a

33. *Memoria de las raíces* fue publicado en 2016 por el Centro de Estudios Locales de Andorra (CELAN).

conocer los orígenes de Jesús. Esta masada está en lo alto y desde ahí se domina un paisaje con Villarluengo al fondo, el alto de Valloré, el Risco de Peñarroya, el Puntal y la Muela del Galabardal. Jesús nos enseñó la masía por dentro y recordaba la vida y las labores cotidianas: acarrear los fajos de paja para rellenar el pajar, recoger el pipirigallo o trillar el trigo en la era. «Este paisaje también era distinto. Antes del incendio de 2009 casi todo eran sabinas, ahora estoy plantando algunas alrededor para recuperar el hábitat que tanto me gusta», decía Jesús. En nuestra visita a La Solana aprovechamos para echar una mano en las labores: vaciar el antiguo pajar para darle un nuevo uso. Estamos deseando poder volver y disfrutar de la nueva vida que van a darle a este espacio.

Otra de las sorpresas que nos trajo la familia Calvo Alfonso fue encontrarnos con el fotógrafo Luis Areñas, un enamorado de la fotografía analógica y de calidad, que, al igual que Cristina, de Rara Avis Fotografía, trabaja con la cámara minutera. Fueron juntos a una feria de fotografía analógica en Vilassar de Dalt y, buscando cámaras antiguas, encontraron una cámara de fuelle con más de 100 años, de madera en muy buen estado. Luis no pudo resistirse. Tuvimos la inmensa suerte de que nos retratase con esta cámara como lo hacían a principios del siglo XX los fotógrafos ambulantes que llevaban la magia de la fotografía a nuestros pueblos.

El paso de Biela y Tierra por Andorra-Sierra de Arcos nos ha llevado también a colaborar junto con la comarca en la campaña #CultivaSaberes-CosechaFuturo. Creemos que no hay mejor manera para dar a conocer un territorio que a través de las personas que allí hay y los productos que nos ofrecen. Entramos con rudas firmes en esta comarca que sentimos cercana porque ya la hemos visitado en otras ocasiones. En este viaje recorreremos parajes de alto valor paisajístico y natural y conoceremos proyectos productivos artísticos, artesanales y alimentarios. Estamos deseando pedalear más por estas tierras y seguir cultivando saberes para cosechar futuro.

125

Algo que nos conecta

Pedalear por el Maestrazgo es un regalo para los sentidos. En esta etapa tuvimos la fortuna de pedalear junto a seis maravillosas amigas que nos llenaron de alegría en una dura ascensión por una pista de tierra y piedras, muy cerquita de Molinos. El esfuerzo mereció la pena y, tras unos manguerazos de agua fría, disfrutamos de un paisaje espectacular en un lugar con una energía que nos traspasó: Q Centro de Experimentación.

Neus y María Jesús llegaron hace 11 años a este rincón, una de las zonas más deshabitadas de Europa. Neus nos decía: «Desde que llegué aquí, caminando por las lomas y senderos, sentí que había una energía de humildad y purificación, una belleza oculta y una riqueza por descubrir. Detrás de la aparente pobreza hay una gran riqueza como territorio, como energía, como *pachamama* de Teruel».

Q es un pequeño lugar de retiro donde experimentar una vida simple que permite poner la máxima consciencia posible en los actos cotidianos. Se rige por la vida solar, una alimentación ecológica adaptada a lo local y de temporada y el trabajo personal. «Es un buen lugar para retirarse individualmente o en grupos pequeños y trabajar esos tres aspectos. La vida solar es la forma más básica y ancestral de integrarse en el medio, alineando nuestros biorritmos a los ritmos de la luz solar y organizando el trabajo de cada día según la luz del sol y temperatura de cada estación. No necesitamos reloj en el valle. De noche prima el descanso y el recogimiento, escribir, meditar, hacer yoga... De día prima la acción hacia fuera, media jornada para el bien común (huerto, mantenimientos, tareas domésticas, cocina, oficina), la otra mitad es tiempo personal (hobbies, estudio, paseo, cada cual lo que necesite)», nos explicó Neus.

Q destila reflexión, coherencia y consciencia. Nace de dos fuentes: el activismo social y la espiritualidad. En el año 2001, Neus vivió los movimientos antiglobalización en Barcelona: «Me llevó a cuestionarme qué estaba pasando y sentí la necesidad de hacer algo por la democracia y por la paz». El activismo, el propio instinto y sentido común la conectaron con el decrecimiento y la implicación en temas sociales. Así fue como puso en marcha la página web quelcom.net.

«Al poco tiempo surge en mí la necesidad de recogimiento, de comprenderme, de búsqueda interna. Es así como la parte social activista y el trabajo interior confluyen en un solo impulso, el "vivir consciente". Q no es más que el intento de vivir así». Esto la llevó a la naturaleza. «Sentí la llamada de conectar con lo elemental, con la esencia. Somos naturaleza antes que cultura. Por mucho que nuestra cultura sea en apariencia muy sofisticada, mientras no nos reconozcamos como parte de la naturaleza estamos perdiendo una dimensión fundamental de lo que es un ser humano». Neus decidió volver a casa, a la base. «Una base que no era mi ciudad natal, Lleida, sino la Naturaleza. Y estar ahí de continuo, no sólo de fin de semana». De 2004 a 2009, estuvo buscando lugares y posibles comunidades. «La vida, si estás atenta para escuchar lo que internamente sientes, hace que poco a poco lleguen espacios y personas». Hacia el final del proceso de gestación de Q apareció María Jesús sumando ilusión, fuerza y economía: «Nos cruzamos con ideas parecidas. Vivíamos sin nevera, no tomábamos comida procesada, minimizábamos los residuos plásticos y consumíamos de manera consciente. Si convives con alguien es importante que en lo cotidiano tengamos criterios parecidos», nos contaba Neus. Hace 11 años que comenzó el proyecto Q en el Maestrazgo.

«Llegamos aquí sin saber apenas nada de la vida rural. Queríamos retirarnos, pero antes teníamos que pasar por los aprendizajes básicos para sobrevivir: leña, herramientas, morteros, aprender a identificar brotes y plantas...». Neus nos contaba que fue un proceso lento, aunque totalmente necesario. «En la urbe vivimos idealizando el campo. La vida en el campo es dura, aunque privilegiada. Cuando vives en la ciudad das a un botón y tienes luz, calor o frío; es muy cómoda. Hemos de revalorizar el esfuerzo». En el campo todo requiere observación, previsión y esfuerzo. Tras pasar el primer año en una *yurta*, construyeron la casa central, aprovechando las ruinas de un corral. Un espacio casi diáfano con un altillo y dos alcobas. Techos altos de madera y grandes ventanales. Todo en Q es armonioso y

127

bello, cada detalle tiene su función. Q cuenta además con una cabaña de retiro individual y dos cabañas donde se alojan Neus y María Jesús.

Estructuralmente, Q se inspiró en la Triformación Social de Rudolf Steiner, la cual es reinterpretada de acuerdo a tres esferas fundamentales de lo social: la económica (la gestión de lo material), la ética (los valores y principios de las relaciones cotidianas) y la esfera espiritual (tu vínculo con lo trascendente). «Lo importante es que a medida que uno cambia individualmente, ese cambio interior, si es real y no es un pseudo-cambio, va a provocar un cambio exterior, reduciendo, consumiendo más conscientemente, tratando las cosas de otra manera, trabajando con otra actitud, etc. Todo el trabajo que haces interiormente si no redunda en un cambio exterior no tiene sentido». En Q Centro hay muchas cosas aun por desarrollar: el proyecto agroecológico, la gestión del agua y la leña, etc. «Se pueden crear tantas ramas como personas quieran formar parte de Q y desarrollar sus caminos. Para ello es necesario que esas personas lleguen y se impliquen».

En Q se realizan estancias de retiro o de voluntariado. En los primeros siete años de andadura se han hecho retiros de espiritualidad, creatividad, salud holística y permacultura, siempre facilitando herramientas para la transformación interior. También se han organizado algunos eventos y jornadas. Entre ellos destacó, en 2016, Encuentros sobre la vejez y la muerte y, en 2020-2021, Sumando Visiones, hacia un nuevo modelo. Neus tiene una increíble capacidad de conectar realidades y personas, de identificar los puntos de acción con una visión integradora. Las palabras de Neus nos hicieron reflexionar: «Es importante actuar, pero antes has de ver. Hay mucho activismo dando palos de ciego porque falta la visión. Y la visión la encuentras en el trabajo interior».

Compartimos pensamientos sobre el momento actual: «El viejo sistema está colapsando a todos los niveles: educativo, sanitario, territorial, económico... Hay prácticas e ideologías que están entrando cada vez con más fuerza en lo social, en las que el ser humano no está en el centro del debate y la naturaleza está completamente apartada».

Recopilamos varios conceptos clave para la urgente transformación: el decrecimiento, la soberanía y la relocalización. La receta del decrecimiento consiste en hacer más y mejor con menos, pero también en reducir, desacelerar y, por ende, resistir al imperio de la velocidad y a las tendencias. Para Neus el decrecimiento y la austeridad son una opción personal. «Si uno no lo ve, no lo va a entender. Mucha gente lo asocia con pobreza y no es así. Vas a ir a menos en las cosas que tú decides y que decrezcas en eso quiere decir que vas a crecer en otras cosas. Mi proceso de autoconocimiento me llevó al decrecimiento. Necesitas menos cosas, pesas menos». Respecto a la soberanía, coincidimos con Neus en un hecho: «No podemos estar dormidos eternamente. Hay un momento en el que tienes que tomar consciencia, empoderarte y decidir por ti». Y para todo esto es esencial la relocalización, recuperar control sobre las propias economías y reconstruir los vínculos en las comunidades. Cada territorio debe ser gestionado por sus custodios, valorando y preservando los recursos naturales y culturales. Lo que no puede ser es que alguien en Bélgica o en Madrid decida por ti. La soberanía es imprescindible como proceso de maduración social. El futuro es local.

129

En palabras de Q Centro:

Cada respiración consciente te ubica en el presente.
Conéctate con la naturaleza:
un pájaro, una nube, una hormiga, una brizna de hierba, un viento…
Armoniza tu actividad con el ciclo de la luz solar.
Usa móvil y wifi lo indispensable.

Aprende a estar contigo mism@ sin mediaciones tecnológicas.
Observa sin juzgar tus inercias y tus máscaras, conócete a ti mism@.
Come sano, sin fertilizantes ni pesticidas químicos, ni transgénicos.

Energía para el futuro

Castellote es la última de nuestras paradas en el Maestrazgo, comarca que nos ha enamorado. Ya conocimos en otras poblaciones sus riquezas patrimoniales y, en esta ocasión, empezamos la jornada con Javier Oquendo, desde hace años persona de referencia en la comarca, defensor del territorio y actualmente portavoz de la Plataforma a favor de los Paisajes de Teruel. Nuestra conversación comenzó hablando de la comarca: «Su riqueza vegetal y animal es indiscutible. Puedes encontrar casi todas las aves rupícolas más importantes que existen: águila perdicera, culebrera, quebrantahuesos, buitre leonado...». El sector turístico encuentra en el Maestrazgo, en estas dos riquezas, patrimonial y natural, elementos claves para su desarrollo: pueblos con casas solariegas, enclaves como el río Guadalope o el nacimiento del río Pitarque... El sector agroalimentario y la elaboración artesanal son aliadas indiscutibles.

El paisaje, el patrimonio medioambiental y el sector turístico junto al sector agrario están actualmente en peligro no solo en el Maestrazgo, sino en toda la provincia y en muchos puntos de España. «En Teruel hay siempre una amenaza latente de convertirnos en terrenos de residuo porque somos un lugar muy poco poblado. Hace 15 años fue el *fracking* y, en este momento, las macrocentrales eólicas y fotovoltaicas son la mayor amenaza», nos contaba Javier. La implantación de macrocentrales energéticas industrializa esos lugares, expulsando la agricultura y convirtiendo los montes en áreas industriales. «En este momento, el desarrollo de proyectos es impresionante. Hace año y medio, cuando surgió la Plataforma, había dos macroproyectos, ya hay tres sobre la mesa, muchos otros más pequeños y la amenaza de otros dos macroproyectos. Cuando hablo de macro son proyectos de más de 300-400 MW. Eso significa entre 150 y 200 molinos cada uno». La Plataforma en poco tiempo ha conseguido coordinar a más de 140 personas y ha movilizado a miles. Parte de su labor se centra en informar de los proyectos que amenazan el territorio y asesorar para hacer alegaciones. «No hay ninguna comarca en Teruel que no tenga planteado algún proyecto. En algunas es auténticamente impresionante lo que va a quedar, únicamente centrales desplazando actividades tradicionales. Se habla de lo que van a generar, pero no de lo que van a destruir. Hay que poner en la balanza ambas cosas y, a partir de ahí, tomar decisiones». Otra de las labores de la Plataforma es desmontar falsos mitos, como la creación de puestos de trabajo o el asentamiento de población. En otros territorios con centrales eólicas el resultado no ha sido ese.

La Plataforma a favor de los paisajes de Teruel surgió cuando se preguntaron: «¿Es esto lo que queremos para la provincia o queremos otras cosas? No queremos que se muera, evidentemente, tampoco que se paralice. Queremos que se apueste por otros modelos». Desde la Plataforma repiten: renovables sí, pero ¡no así! Una de las grandes ventajas de las renovables es que el viento y el sol se dan en todas partes, lo que permite generar energía donde se necesita, abriendo el camino a distintas soluciones. En el modelo de las energías renovables hay dos caminos: o los macroproyectos diseñados, construidos y controlados por grandes empresas o los pequeños proyectos de autoconsumo junto a la generación distribuida. Esta última hace referencia a la generación y consumo a nivel local y la venta de excedentes para zonas que no lleguen a producir toda la energía que necesitan. «Y lo que sea excedente consumirlo cuanto más cerca mejor, porque hay entre un 10 y un 15 % de pérdidas de la eficiencia energética en el transporte, y son pérdidas que asumimos los consumidores», nos explicaba Javier.

Los macroproyectos son financiados por fondos internacionales que buscan la rentabilidad a corto plazo y que también aprovecharán los Fondos de Recuperación europeos (Next Generation). Con las condiciones actuales, en cinco o seis años está amortizada su inversión y, si surgen problemas o aparece otra tecnología más eficiente, nos podemos encontrar con abandono de centrales y grandes molinos de chatarra en nuestros montes. Es un negocio redondo, aunque no para la biodiversidad ni para asegurar un futuro sostenible en las zonas rurales.

En la pequeña localidad de Luco, en el Jiloca, están organizando la primera comunidad energética de Aragón, una agrupación de socios que, voluntariamente y con participación cooperativa, establecen sus objetivos en la obtención de beneficios energéticos, sociales, medioambientales y económicos. Como dicen, «las comunidades energéticas son una pieza clave en la reorganización de la producción y distribución de energía que permiten aprovechar los recursos renovables allí donde están y son una puerta abierta para la participación activa de los ciudadanos en el sistema energético». María, de Luco,[34] nos contaba varias ventajas: mayor eficiencia en el consumo y reducción del gasto en las viviendas; implantación de renovables desde el respeto y el compromiso de la comunidad, en lugar de apostar por grandes proyectos de espaldas a los ciudadanos; desarrollo de la economía local; fortalecimiento de la comunidad; redistribución de beneficios; protección del medio ambiente, la biodiversidad, el suelo y promoción de la eficiencia de recursos. En Luco lo tienen claro y han lanzado un *crowdfunding* para recoger toda la ayuda que sea posible. ¡Bravas gentes de Luco!

Los macroproyectos energéticos se apoyan en la deslocalización de los recursos de algunas zonas para servir a otras. María nos describe cómo se aprovechan los desiertos demográficos:[35] «Llegan a esta mal llamada España vaciada o vacía, donde el terreno es más barato para producir energía y llevarla a otras zonas. Por ejemplo, el último proyecto presentado en Teruel va desde el Jiloca hasta la zona de Híjar (Bajo Martín) y lleva veinte parques asociados a una gran línea que va desde Cutanda en Teruel hasta Begues, a pocos kilómetros de Barcelona. ¿Qué sentido tiene producir aquí para que 284 km después esa energía se vaya a una central y a partir de ahí se distribuya? Las zonas que más energía consumen son País Vasco, Barcelona y Madrid y los proyectos se instalan en Cantabria, en Tarragona, en Teruel, en Zamora». Contó también cómo en otros países, por ejemplo, Alemania, están desmantelando las centrales nucleares, pero no están instalando centrales de energías renovables, ¿de dónde les va a llegar la energía?

«Nos encontramos ante una nueva burbuja especulativa como fue la vivienda. Las empresas invierten solamente para especular», nos conta-

34. Véase el cuaderno de campo Burbáguena.
35. Véase el libro *Biela y Tierra en ruta* (p. 206).

ba Javier. En España hay un consumo máximo de 40 GW diarios. Y, a día de hoy, hay proyectados 140-160 GW. «Es como cuando se seguía construyendo pese a que había miles de casas vacías». Hay que valorar que ya existe un gran sobredimensionamiento del sistema eléctrico con 110 GW instalados. La potencia instalada es el 250 % de la máxima demanda que se registra a lo largo del año. ¿Para qué queremos tanta energía? Desde Aliente, Alianza Energía y Territorio, advierten que esa sobredimensión no es contra el cambio climático, ni para producir nuestra energía. «En el fondo, lo que se ha decidido es que seamos el granero energético de Europa», advierte Luis Bolonio, portavoz e impulsor de Aliente. Una idea parecida a las macrogranjas industriales de porcino. Aquí se instala la granja, se exportan los cerdos y nos dejan los purines.

A lo largo de nuestra ruta nos hemos encontrado con personas a favor de la instalación de macroproyectos en sus pueblos. La dotación presupuestaria de los ayuntamientos con poca población es irrisoria; no pueden poner en marcha nuevas iniciativas o mantener adecuadamente sus infraestructuras. Se encuentran entre la espada y la pared y ven en estos proyectos la solución a sus problemas económicos. Los impuestos asociados a la construcción y a la actividad de producción de energía revierten en los municipios. Nos preguntamos si depender de presupuestos asociados a actividades gestionadas por grandes empresas es una solución sostenible. Javier lo tenía claro: «Los entiendo, pero no lo comparto. No pongamos en manos privadas los servicios públicos».

Son muchas las funciones ecosistémicas y de mantenimiento de los territorios que durante siglos se realizan desde las zonas rurales. Esto nunca se ha traducido en ningún tipo de dotación económica para sus municipios. La fragilidad económica en la que se encuentran está asociada a la falta de legislación adaptada a la realidad rural. Si las leyes se diseñaran y aplicaran con perspectiva rural no habrían pasado desapercibidas estas cuestiones y las dificultades asociadas a la falta de población. No se pueden encontrar soluciones sencillas a problemas complejos: necesidad de producción de energía limpia, lucha contra la despoblación o mantenimiento del territorio. Pasó hace años con el turismo, o los macroproyectos de ganadería industrial que tantos problemas medioambientales generan. Las soluciones deben integrar la diversificación y el acuerdo de las distintas partes. Es fundamental analizar los impactos de la red de tendidos eléctricos y de las plantas energéticas a gran escala, la dependencia de recursos no renovables, el reparto de costes y beneficios, o los efectos reales sobre la población local. Esta mirada más amplia obliga a priorizar el ahorro y la eficiencia como pilares del nuevo modelo, tal y como insta la Unión Europea.

A finales de 2020, veintitrés científicos españoles expertos en conservación de aves y murciélagos alertaron, a través de una carta publicada en la revista *Science*, de los daños irreversibles que puede ocasionar esta expansión acelerada y desordenada. Y la Plataforma Ciudadana para una Transición Ecológica Justa denuncia que estos proyectos no garantizan una transición democrática para el conjunto de la sociedad, el territorio y la biodiversidad. Mientras tanto, voces menos oportunas apuestan porque los pájaros puedan esquivar los aerogeneradores.

Para ampliar el foco de esta problemática, hemos hablado con Marta Cañada, ingeniera experta en energía solar, que priorizaba la planificación de las soluciones.

Se habla mucho de la descarbonización asociada con la electrificación y es una mirada estrecha porque la mayor parte de energía que se consume no va asociada a la electricidad, que representa solo el 17 % del consumo mundial. El transporte supone un 32 % y la mayoría de energía consumida a nivel mundial es en forma de calor, el 51 %. Al alcance de todo el planeta tenemos un recurso natural que produce calor: el sol. La mayoría de la energía que consumimos es calor. Y el método más sencillo de producción de energía es la solar térmica, puesto que no supone transformación, solo captación. Sería lógico pensar en producir sosteniblemente más calor que electricidad y, sin embargo, solo se habla de producción eléctrica, principalmente de fotovoltaica, eólica e hidrógeno. Existen muchas tecnologías para aprovechar el calor del sol, algunas son: captadores térmicos planos, captadores de tubos de vacío, de concentración e incluso paneles híbridos capaces a la vez de producir calor y electricidad. Estas soluciones se pueden implementar de forma distribuida e individual o de manera compartida. En otros países como Dinamarca llevan más de 30 años realizando calefacciones de distrito (*district heating*), instalaciones de solar térmica que producen el calor consumido por un barrio o un pueblo. La descarbonización debe planificarse en función de los consumos y la tecnología existente, siempre dentro de los límites del planeta.

La transición para dejar los combustibles fósiles es urgente y, en este proceso, no hay soluciones fáciles. Quizá la irresponsabilidad sea imponer este modelo a gran escala, sin planificación ni participación pública, lo que está provocando una tremenda y creciente reacción social en muchos territorios. La polarización que nos hemos encontrado es muy dolorosa: divisiones y enfrentamientos entre vecinas y vecinos de un pueblo, entre pueblos e incluso entre comunidades autónomas limítrofes. Javier decía: «Habría que promover un proceso de diálogo entre las partes para ver cómo planificamos y ordenamos el territorio, hacia dónde queremos ir. Porque lo que no podemos hacer es dar bandazos. Hace 10 años apostamos por el turismo, 10 años después decimos que el turismo no es solución y vamos a las renovables, 10 años después escucharemos que las renovables no dan rendimiento. Hace falta planificación sosegada, sensata y apoyada en gente con conocimientos y capacidades para ver hacia dónde queremos ir e ir todos juntos. Sin duda, yo creo que ese es el futuro deseado».

Por suerte en Castellote los molinos no son lo único que marca su presente ni su futuro. Nos encontramos con Pili y Pepe, que nos enamoraron con su sencillez y su pequeño establecimiento, La Bodega, una tienda donde tomar algo e incluso hacer presentaciones de libros. «Mi pasión es la lectura. Es la única tienda con librería y prensa de todo el Maestrazgo», decía Pili. Apuestan por los productos locales y artesanos e incluso verduras de su propia huerta, que Pepe y Jorge, padre e hijo, cultivan junto a los almendros y olivos. A Pili le viene esto de familia; su bisabuelo tuvo el primer estanco de la provincia, en Cuevas de Cañart, y aún lo siguen regentando. Tomando un aperitivo en La Bodega nos encontramos con Cristina, de La Solana campo y vida, una catalana que, buscando un cambio de vida, se mudó con su marido desde Ripollet. «La huerta nos llama un montón. Empezamos por un cambio de hábitos de consumo en Cataluña y al llegar aquí nos pusimos a producir». Venden cestas de hortalizas ecológicas y complementan su economía con otras labores. También conocimos a Amira y Jesús, que forman El Tao de la Tierra, un espacio que busca compartir el amor hacia uno mismo y hacia la madre Tierra para el bien común. Se encuentran en una masía en la que quieren recuperar la conexión del ser humano con la naturaleza y realizan talleres, retiros, baños de bosque y actividades relacionadas con los ciclos de la mujer. Y no son los únicos con respeto por la naturaleza. En la Escuela de Actividades en la Naturaleza (EANA) hace 30 años que trabajan por la educación ambiental desde una antigua mina de carbón restaurada. Principalmente realizan dos actividades: aula de la naturaleza para colegios y campamentos de verano. Nació de la ilusión de cuatro maestros convencidos de la necesidad de acercar el «conocimiento del medio, las plantas y concienciar sobre la importancia de la naturaleza a los escolares», nos dijo Javier. Este proyecto está buscando relevo para poder seguir construyendo infancia y juventud consciente y sensibilizada.

24 de agosto de 2021, Mas de las Matas

El agua fuente de vida

Desde Castellote nos dejamos rodar, cuesta abajo, hasta Mas de las Matas, en la comarca del Bajo Aragón. Tras las montañas turolenses volvimos a las tierras de cultivo: frutales, huerta, forraje y cereal. Llegamos para encontrarnos con Araceli y Manolo, de La Huerta en Casa. Queríamos comprar pan y Araceli nos dijo: «La panadería de Mas de las Matas no funciona como en otros sitios». En los años 60 había cinco hornos de pan en el pueblo, se pusieron de acuerdo y subieron el precio. Las gentes de Mas de las Matas se organizaron y abrieron un horno de leña colectivo, la Cooperativa San Sebastián. Se ubicó en un antiguo centro de la CNT. «Cuando llegué aquí me sorprendió mucho; íbamos a comprar sin dinero, solo con las cartillas. Mi suegro dejaba el grano cada año y eso se traducía en pan para la familia, 100 kg de harina eran 50 panes», nos contó Araceli. Y no es de extrañar, ya en tiempos anteriores estas tierras habían estado ligadas a la historia de la colectivización. «Esta no es la única sorpresa. He quedado con Noelia para que os cuente más cosas del pueblo», nos dijo Araceli.

Noelia, de la oficina de turismo de Mas de la Matas, nos regaló una visita guiada de la Ruta del Agua, un recorrido por el pueblo. «Se puede hacer por libre. En cada parada hay un código QR que enlaza a un audio grabado por vecinas y vecinos con anécdotas», explicó Noelia. El agua es muy importante en Mas de las Matas. Tres son las acequias que recorren el pueblo y hasta hace bien poco estaban al descubierto, como el lavadero de los patos, en el que algunas familias los criaban. Las acequias pasan por debajo de algunas casas y todavía hay cuatro lavaderos activos. ¡Qué bonito el lavadero del brazal y el del molino, con las plantas y flores que cuidan las mujeres del pueblo! Mas de las Matas, regado por el Guadalope, tiene una fértil vega.

La economía está basada en la agricultura y en la ganadería. La familia de Araceli y Manolo, con La Huerta en Casa, hace huerta en ecológico y tienen

137

frutales, cereal, forraje y ovino, por supuesto en extensivo. «Manolo siempre ha estado vinculado a la cooperativa y antes vendíamos ahí toda nuestra producción. Para casa teníamos otra huerta en la que no echábamos nada que no fuera el fiemo de nuestras ovejas. Y claro, cuando la gente probaba nuestras hortalizas, flipaban. Pensamos: ¿igual podemos transformar la huerta y hacerlo en ecológico?, ¿y por qué no convencer a más gente de la cooperativa?», nos contaba Araceli. Y así empezaron siete personas cultivando en ecológico para vender en cestas, directamente a familias. La vida da muchas vueltas y Araceli y Manolo se han quedado solos produciendo en ecológico junto a Sonia, de Abenfigo. «Pronto vimos que lo mejor era abrir una tienda de productos ecológicos en el pueblo. Fuimos ampliando: herboristería, semillas, plantas y flores... Vamos viendo las necesidades y nos adaptamos», explicaba Araceli. ¡Es una suerte para este pueblo tener una tienda así! Mas de las Matas conserva un pequeño comercio muy variado y, como nos contaba Araceli, para que se mantenga el comercio es esencial que todas consuman en el pueblo. Durante el confinamiento, los productores locales fueron básicos para mantener el suministro ya que las grandes cadenas surtían primero a las ciudades. «Nosotros seguimos trabajando igual, en la tienda y *online*. Nadie quedó sin servir».

Para La Huerta en Casa la relación directa es fundamental. Cada miércoles sucede lo mismo. «Manolo hace una ruta y yo otra. Llegar a las casas, que te agradezcan tu trabajo, compartir cómo está la huerta o resolver sus dudas es lo mejor», nos contaba Araceli. Manolo defiende la venta directa; los pequeños productores deben comercializar por ellos mismos, si no, como dice, no hay futuro, no sale rentable. Diversifican al máximo y cierran ciclos. Manolo nos contaba: «Tenemos cereal y forraje para alimentar el rebaño de ovejas que nos proveen del estiércol para abonar»; de esta forma reducen al mínimo los insumos externos. «Cuando termino de cosechar los cultivos de la huerta no hay mejor desbrozadora que nuestras ovejas». Tienen dos rebaños, uno de segureña y otro de ojinegra. Esta última es una raza autóctona de Teruel que se promocionó hace unos años para evitar que se extinguiera. Todas sus parcelas están certificadas en ecológico y con este sello aseguran a quienes no les conocen que su producción está libre de tóxicos.

«Cuando estudiaba siempre nos decían que lo importante era producir más. Se llevaba mucha cantidad al mercado y no se vendían las producciones. Y claro, el tortazo por esos kilos que no se vendían nos lo llevábamos los agricultores, no los técnicos. Prefiero producir menos y de mayor calidad, en ecológico. Al principio nos decían que estábamos locos y que el ecológico no llevaba a ningún sitio. El trabajo y el tiempo nos han dado la razón», decía orgulloso Manolo. La realidad del sector primario es compleja. «Las administraciones nos ponen muchas trabas, sobre todo burocráticas», decía Araceli. Les ha costado tres años conseguir los papeles para la granja de huevos ecológicos que han proyectado. Manolo nos contaba que hacen falta más productores en ecológico. «Llevan años llamándonos para exportar, pero nosotros lo tenemos claro, queremos vender cerca y directamente». Por suerte, su hijo Saúl se ha incorporado a la explotación. «A mí me parece bien que siga, pero quería que estudiase. Hizo el grado medio y superior de electricidad y luego se formó en Movera, Zaragoza, en agricultura y ganadería ecológica», nos dijo Araceli.

Araceli es un cascabel, se mete en todos los ajos: teatro, asociaciones, entrevistas... ¡Incluso fue la protagonista de un capítulo en el Canal Arte! Siempre anima y dinamiza. «Cuando vienes de fuera es importante incorporarte a las actividades, así la gente te abre las puertas», reflexionaba. Llegó de Alcañiz, aunque su familia era de un pueblo de Cuencas Mineras, Las Parras de Martín. Sus padres, Urbano y Balbina, lo dejaron todo. «No querían que nos dedicásemos a la mina y nos fuimos a Alcañiz». Allí tenían una pequeña vaquería cuyos ingresos complementaban trabajando para otra gente y vendiendo fruta en los pueblos de la sierra. «Mis padres fueron emprendedores y muy valientes. Tenían siempre presente diversificar. Igual de ahí me vienen todas estas cosas y mi espíritu inquieto», recordaba Araceli.

El agua, en Mas de las Matas, además de regar su fértil vega, ha sido una fuente de generación de energía esencial para el desarrollo local. La visita que hicimos con Noelia terminó en el molino, una espectacular joya del patrimonio industrial. «El primer molino que hubo en este emplazamiento data de 1750. En aquella época, Mas de las Matas se reveló contra el señor de Camarón, que controlaba el único molino de la zona, y consi-

139

guieron abrir su propio molino colectivo», nos explicó Noelia. Fueron modernizándose e incorporando mejoras hasta que llegó el sistema austrohúngaro de molturación, que es el que se puede visitar actualmente. Una impresionante estructura de madera organizada a lo largo de tres pisos que nos dejó con la boca abierta. Esta magnífica obra de ingeniería se encontraba desmontada hasta que un grupo de mujeres, a través de un taller de empleo, dedicó dos años a su restauración y montaje. ¡Enhorabuena y gracias por este trabajo! Una de las peculiaridades es su verticalidad. Noelia nos detalló el circuito. El trigo, la harina y otros productos siguen un circuito que los conduce de una máquina a otra en un continuo subir y bajar para completar tres fases: limpieza, acondicionamiento y, finalmente, la molienda. Para hacer funcionar esta compleja máquina se utilizaba una turbina que convertía la energía del agua de la acequia en energía mecánica para el molino y, además, en energía eléctrica para uso del pueblo y de una fábrica que había al lado. El molino no está en funcionamiento, pero la turbina sigue generando energía eléctrica.

Mas de las Matas es uno de los ejemplos de colectivización y desarrollo industrial que estuvo presente en muchos pueblos de Teruel. Molinos, batanes, minas, hornos y fábricas conforman un rico patrimonio industrial. No dejan de ser fuentes dignas de estudio para comprender formas de vida de tiempos pasados, además de reflejar los valores de una sociedad que se reconoce en ellos. La historia rural de Teruel incluye un desarrollo industrial que permitía diversificar la economía de las zonas rurales y fijar población. Las políticas de los dos últimos siglos han favorecido el desarrollo industrial exclusivamente en las ciudades, dejando a sus pueblos como suministradores de materias primas y mano de obra para la industrialización urbana. Según el estudio sobre patrimonio industrial rural de Teruel, publicado por Luis, Antonio y Neus, de Recartografías,[36] «la efímera y limitada industrialización y protoindustrialización de Teruel ha dejado tras de sí numerosas poblaciones con sociedades desestructuradas, terrenos contaminados, impactos paisajísticos e infraestructuras en desuso». Nos preguntamos si ese será el futuro para las macrocentrales que se proyectan.

---

36. Véase el cuaderno de campo de Mas Blanco.

Apoyar y mantener el sector primario, favorecer la transformación de materias primas en el propio territorio y complementar la economía local con otras actividades, como las pequeñas industrias y obradores artesanales, son elementos clave para que los recursos y el valor añadido de los productos reviertan directamente en el territorio.

Reflexiones que miran al futuro. Nos despedimos de Mas de las Matas con el presente de La Huerta en Casa, un negocio que se sostiene con mucho trabajo y convencimiento. El apoyo de la familia es indispensable: Esther, la hija pequeña, siempre que puede, echa una mano en la tienda y, en verano, Lucas, sobrino de la familia y enamorado de la bici, también. Estas relaciones de confianza se dan más allá. «Nuestros clientes son amigos y Sonia, nuestra socia, es como de la familia». Fue un placer descubrir cómo, con esfuerzo y entrega, esta familia ecológica sigue adelante.

141

Investigación e innovación en nuestros pueblos

Pedaleando entre el río Guadalope y el río Bergantes, en una antigua ermita restaurada, encontramos matraces y vasos de precipitados, una campana extractora, tres impresoras 3D, un reómetro, básculas de precisión, una mezcladora planetaria, un autoclave, una incubadora... Esta descripción parece que se adecúa más a un laboratorio que a una ermita, ¿verdad? Pues es que, en Aguaviva, un pueblo de unos 500 habitantes, tienen un espacio que es las dos cosas a la vez.

Llegamos a Aguaviva y nos dirigimos directamente a Santa Bárbara sin saber mucho lo que nos íbamos a encontrar. Esta ermita fue bombardeada durante la guerra civil y hace 20 años la restauraron como espacio polivalente para actividades culturales y comunitarias. Allí fuimos a dar una charla y a visitar a la siguiente iniciativa. Al llegar nos quedamos con la boca abierta, el color azul eléctrico de sus paredes contrasta con las bóvedas semidestruidas y la piedra. Una restauración muy original, complemento perfecto para un proyecto innovador. La segunda planta actualmente acoge a BIVO, Centro de Investigación en Tejidos Orgánicos, Bioestructuras y Biomateriales. BIVO rompe los esquemas: por tener un laboratorio en una ermita, por ser un equipo de jóvenes investigadores y por apostar por la investigación y el desarrollo en un pequeño pueblo de Teruel. Está formado por siete personas entre 23 y 38 años: Belén, biotecnóloga; Amada, bióloga; Magda, química; Damián, ingeniero de materiales; Eva, diseñadora industrial; Lucas, biólogo y Sergio, ingeniero industrial.

Lucas nos decía: «Es toda una experiencia y una oportunidad poder trabajar como investigador en un centro como este y en un pueblo de Teruel a 15 km de mi casa». Micelio es el proyecto en el que investiga Lucas. Desarrollan material 100 % orgánico y biodegradable, compuesto únicamente por sustratos vegetales en el marco de la economía circular. «Mi papel es desarrollar metodologías de cultivo de micelio de hongos de distintas especies sobre sustratos vegetales para conseguir materiales orgánicos con propiedades mecánicas altas. El sustrato que utilizamos para la producción del hongo proviene de deshechos originarios de la actividad agraria, como paja, restos de poda, etc. Nuestra idea es recoger estos materiales, procesarlos y generar un producto que tenga un valor, una utilidad, un nuevo uso y, cuando su vida útil llegue a su fin, pueda volver al mismo campo en el que crecieron las plantas, pudiendo ser abono orgánico o deshacerse en cualquier lugar sin dañar». Nos mostraron distintos ejemplos de objetos que se pueden construir con este biomaterial y nos quedamos perplejas. Por ejemplo, para Micelio, han desarrollado dos modelos de cascos de bicicleta. El enfoque más importante está destinado a la construcción para sustituir materiales de difícil eliminación. «La versatilidad de estos materiales es muy amplia y siempre estamos abiertas a nuevas aplicaciones juntando la creatividad con la investigación. Estamos consiguiendo piezas que dentro de poco podrán ser de utilidad en algunas industrias», nos contaba Eva, de Alcorisa. El trabajo de Eva y las tareas que realizan son más dinámicas: «Los tres ingenieros actuamos de apoyo a los investigadores en solución de problemas, búsqueda de aplicaciones, análisis de resultados y diseño de productos en general».

Eva y Damián también colaboran en el proyecto de madera densificada analizando datos, estudiando sus propiedades mecánicas y creando nuevos moldes. «En este proyecto, a cargo de mis compañeras Magda y Amada, partimos de una madera natural, eliminamos parte de la lignina (componente de la madera que une todas sus fibras) para así aumentar su porosidad. Posteriormente lo prensamos en caliente y conseguimos que aumente su densidad. Modificamos sus propiedades mecánicas asemejándose así a algunos tipos de acero». Con la madera densificada pretenden sustituir elementos de construcción como vigas, disminuyendo su tamaño y aumentando su degradabilidad. También es un material útil para pequeñas piezas de herrajes o de automoción en forma de *composite*. Los *composites* son materiales formados por la combinación de dos o más componentes diferentes para obtener propiedades mejoradas.

143

Eva ha sido una de las últimas incorporaciones a este equipo multidisciplinar que lidera Sergio. Sergio, de Barcelona, se trasladó a Aguaviva, el pueblo de sus abuelos, hace tres años y BIVO nació hace tan solo un año. «Cuando decidimos montar el centro de investigación en Aguaviva se pensó que la ermita podía ser un buen lugar. La alquilamos al ayuntamiento, adaptamos el espacio y empezamos a montar muebles; no había nada». El siguiente paso fue la contratación de personal en la que priorizaron los siguientes criterios: gente joven, de la zona y, a poder ser, mujeres. «Este centro es una oportunidad para que investigadores locales puedan desarrollar su actividad en su casa, para que no tengan que irse a los grandes núcleos urbanos. De alguna manera queremos demostrar que, en la España vaciada, en el medio rural, se puede hacer la actividad I+D», nos explicaba. Además, BIVO tiene las puertas abiertas para que la gente pueda entrar y acercarse a la labor investigadora: «Queremos despertar la curiosidad y que puedan ver que en su pueblo se hace ciencia». Los prejuicios que nos ha inculcado la cultura urbanocentrista hacen pensar que es imposible encontrar un grupo de jóvenes investigadores, con formación, en este rincón de Teruel. Nada más lejos de la realidad, este equipo de siete personas demuestra lo erróneo de esta percepción.

BIVO alberga parte de dos cooperativas, Silvestrina y Biocore, que a su vez forman parte de la cooperativa de segundo grado Zoocánica. Trabajan codo a codo en las tres líneas de investigación que llevan a cabo: micelio, madera densificada y tinta de impresión 3D de celulosa. «El hecho de ser una cooperativa de investigación nos permite a los investigadores formar parte de la toma de decisiones y decidir qué queremos investigar y qué no», nos explicó Sergio. ¿Una cooperativa de investigación? Como veis... Todo fueron sorpresas.

Este innovador modelo permite a las personas investigadoras ser soberanas sobre sus líneas de investigación y que sus avances repercutan de manera positiva y justa en la sociedad y en los territorios. Estas cooperativas nacen de la necesidad de reapropiarse de la investigación científica, de acercarla a la ciudadanía para que deje de estar excluida y alejada de la sociedad. Relocalizar y reapropiar esos conocimientos y saberes, para acercarlos a la población. El conocimiento no debe tener un único origen.

Conocimiento que se genera desde los laboratorios y los centros de investigación, que se atesora en la memoria de los mayores de nuestros pueblos y que se pone en práctica en nuestros campos de la mano de campesinas y campesinos. Ese conocimiento nos pertenece y lo necesitamos para avanzar. Proyectos como BIVO permiten que la riqueza intelectual de las generaciones jóvenes de las zonas rurales pueda nutrir sus tierras y mostrar, con su ejemplo, que nuestros pueblos son lugares en los que se puede desarrollar cualquier tipo de actividad.

Sumamos la soberanía del conocimiento a las soberanías de las que ya hemos hablado: soberanía alimentaria,[37] soberanía energética,[38] soberanía de la alegría,[39] soberanía de la educación,[40] soberanía de la organización[41] ... Y sin duda todo pasa por la toma de conciencia.[42] Estas soberanías nos harán avanzar y construir el futuro deseado.

145

37. Véase el libro *Biela y Tierra en ruta* (p. 197).
38. Véase el cuaderno de campo de Castellote.
39. Véase el libro *Biela y Tierra en ruta* (p. 59).
40. Véase el libro *Biela y Tierra en ruta* (p. 282).
41. Véase el libro *Biela y Tierra en ruta* (p. 245).
42. Véase el cuaderno de campo de Molinos.

Dulces recuerdos en un bote

No hace muchos años, en Foz Calanda, se realizaba el festival de artes escénicas: Frutos Festival. «¡Era increíble! Imaginaos el pueblo lleno de espectáculos, música, pintura, teatro... ¡Y más de mil personas venían cada año como público! Gracias a este festival nació Mermeladas El Ababol», nos contaba Manuela. Manuela, como muchas personas de la zona, elaboraba mermelada casera para aprovechar los excedentes de fruta en cada temporada. Empezó a ofrecerla a la gente que venía al festival. «El primer año les gustó, el segundo, repitieron y al tercero, la gente ya venía por el festival y por las mermeladas». Así que decidió liarse la manta a la cabeza y montar un obrador. Había gente que le decía: «¿Pero vas a hacer mermeladas en un pueblo en el que todo el mundo se la hace en casa? Nadie te va a comprar». Y Manuela pensaba: «Hombre, si tanta gente viene preguntando por mi mermelada... Algo tendrá, ¿no?».

Quería que cuando la gente probase sus mermeladas pudiese recordar el sabor real de la fruta y sentir la elaboración artesana. Estaba convencida de que quería hacerlo como se había hecho toda la vida: solo con fruta madura, azúcar, tiempo y paciencia para remover con calma en la cazuela. «Me costó dos años conseguir todos los permisos. Al principio me decían que las máquinas del obrador pueden causar molestias por los ruidos y vapores emitidos, y yo pensaba: ¿el qué, la batidora o la cazuela? Después me decían que tenía que echar conservantes porque solo con azúcar no valía, ¡pero si siempre se ha hecho así y aquí nadie se ha intoxicado! Cogí muestras de todas las mermeladas y encargué los estudios de vida útil al CITA.»[43] Manuela nos contaba, como ya hemos oído otras veces, que los trámites burocráticos son una auténtica odisea. «O tienes muy claro lo que quieres hacer o al final, por desesperación, lo dejas. Yo creía mucho en mi

---

43. Véase el cuaderno de campo de Tramacastilla.

idea, en mi producto. Mamen, amiga del pueblo, ya se dedicaba a la apicultura y envasaba su propia miel. Me dio muchos ánimos, me dijo que sí, que se podía, que adelante. Desde el ayuntamiento siempre me apoyaron también. Mucha gente sabía que, si conseguía todos los papeles del obrador, la mermelada sería un éxito. Así que... seguimos».

El obrador de Manuela es un claro ejemplo de sencillez y sentido común, minimizando inversión, infraestructura y gastos. El fregadero es una bañera pequeña bien acondicionada para poder limpiar los botes y utensilios. La cocina es un fogón de aros de butano que utiliza con ollas de acero inoxidable y, en lugar de tener autoclave, esteriliza los botes con una marmita enorme al baño maría. «Mis puertas siempre están abiertas para mostrar mi pequeño obrador, compartir consejos y resolver dudas», nos contaba. Así, cuando Mariví y David de Mari Golosa[44] decidieron abrir el suyo en Lechago, vinieron a verlo. Manuela montó el primer obrador de mermeladas artesanas de Teruel y varios emprendedores han pasado para conocerlo. Apoyarse entre los pequeños es fundamental y han creado un grupo para estar en contacto.

Manuela está ligada a lo rural, a la naturaleza, a los ciclos de su tierra. Proviene de familia de agricultores y ganaderos y ella siempre ha echado una mano en todo lo que hacía falta. «Una de las cosas que más me gustaba era embolsar», nos dijo. Como aprenderemos más adelante,[45] en esta zona se embolsan los melocotones uno a uno para evitar que les pique la mosca. «Me gusta fijarme en los cambios. Mira, estas nubecillas ya son de septiembre. Y también fíjate en las golondrinas. Cuando se paran así en los postes es que ya se acerca el otoño», decía Manuela mientras una fila de golondrinas nos miraba desde los cables de la luz.

Mermeladas El Ababol trabaja todo el año. Tiene más de 70 tipos de mermeladas con sabores muy sorprendentes y deliciosos y, además, hace colaboraciones con chefs. «Una de las que más gustan es la de borraja con avellanas y chocolate. Hacía tiempo que seguía el blog Las Borrajas del Copón, vi esta receta y le lancé el reto: la convertiré en mermelada. Me

147

---

44. Véase el cuaderno de campo de Rubielos de Mora.
45. Véase el cuaderno de campo de Calanda.

puse a hacer pruebas y salió. A día de hoy solo la elaboro para navidad y desde septiembre ya tengo encargos». Manuela también piensa en hacer mermeladas más saludables y para todos los públicos: «En las ferias, a veces, se acercaban personas mayores, les ofrecía probar mermeladas y lo rechazaban porque no podían tomar azúcar. Así que pensé, si la fruta ya es dulce... ¿por qué no eliminar el azúcar y hacerlas solo con fruta? Solo necesito cocinarlas más y alargar el periodo de esterilización». La base de todas las mermeladas de El Ababol es la fruta y su eslogan, «El placer de comer fruta». Los últimos productos que se ha lanzado a elaborar son los chutneys, salsas agridulces con frutas u hortalizas, vinagre, especias y azúcar. «Quería hacer algo más allá de las mermeladas», afirma. Nos contaba que tiene muchos sabores, pero no todas salen bien. «A muchas se las ha tragado la fregadera». Pequeños proyectos como este forman parte de la vida de las artesanas y artesanos que los impulsan. La ilusión, la fuerza y el cariño son un motor esencial para que sigan adelante.

«Un producto artesanal, hecho con el corazón como el que yo hago, se tiene que vender también desde el corazón. Por eso, los distribuidores no funcionan. Al principio lo intenté, pero prefiero vender directamente, bien a través de la venta online o en pequeñas tiendas gourmet. Es la mejor opción para tener un contacto cercano, es otra forma de que mi clientela viva lo que tiene en su tienda». Manuela es muy activa en redes sociales; a través de ellas nos cuenta cómo elabora sus mermeladas y también comparte algunos de sus intereses y su vida cotidiana. Corazón y alma en cada pequeño bote.

27 de agosto de 2021, Calanda

Querer es poder

Calanda tiene fama mundial por los tambores, por Buñuel y por su delicioso melocotón. Cuando nos planteamos la ruta de Teruel teníamos claro que no podía faltar la visita a una finca ecológica de melocotón de Calanda. Nuestra sorpresa vino cuando nos dijeron que solo había un productor en ecológico dentro de la denominación de origen: Javier Franco. «El melocotón de Calanda es conocido por su aroma y su sabor y eso se lo aportan tanto el terreno y el clima como el agua y, por supuesto, el lugar donde se produce», nos explicó.

«Yo me pasé a ecológico porque, después de toda la vida en convencional, añoraba cómo se producía antes, las explotaciones familiares y aquel melocotón que se criaba con mimo y exclusividad. Un día decidí intentarlo aun sabiendo que podía fracasar porque sabía lo difícil que es producir fruta en ecológico, y más el melocotón. Pero aun sabiéndolo, hacerlo todavía es más difícil», nos explicaba Javier. Con orgullo y una sonrisa no dejaba de repetir: «Se puede hacer melocotón de denominación de origen de Calanda en ecológico». Su mujer, María Francisca, decía la siguiente verdad: «La satisfacción de coger fruta sana es muy grande». La bondad, coherencia y unión de esta familia nos encandiló. «Aquí todos vamos a una. Mi hermana María José y su marido, Miguel Ángel, también tienen algún campo y lo hacemos juntos». María Francisca y su hermana son las encargadas de envasar los melocotones, o «hacer fruta», como ellos dicen. «Utilizamos el mismo papel del embolsado para proteger la fruta en la caja de madera. No queremos más plásticos».

La fruticultura ha sufrido un cambio muy profundo en los últimos 50 años. El ejemplo de Calanda y su vega se repite en muchos lugares por toda España. «Antes, en época de cosecha, las calles de Calanda olían a melocotón», recordaba María Francisca. Había muchas fincas familiares que producían para casa y vendían los excedentes. «Recuerdo cuando íbamos toda la familia al campo y venían los fruteros». El melocotón de Calanda, de increíble calidad, empezó a ser muy conocido y venían pequeños tenderos desde Barcelona, Castellón, Valencia... a comprar las producciones. «Apenas había destrío. Se lo llevaban todo y luego en la tienda, como conocían a su clientela, podían ir sacando diferentes calibres, calidades en función de la persona», nos contaba María Francisca.

Antes de la mecanización, la vega de Calanda no era así. La mayor parte estaba ocupada por el cultivo de forraje para alimentar a las caballerías. Con la llegada de los tractores se dejaron de utilizar animales y esas tierras pasaron a ser plantaciones de frutales. «Fue como la fiebre del oro», nos dijo Javier. Cambió el mercado y cada vez era más exigente y se necesitaba más tierra para que el negocio fuera rentable. El modelo pasó de ser familiar a empresarial, centrado en la productividad. En esta época fue también cuando se crearon las cooperativas. El padre de Javier fue fundador de La Calandina. Javier trabajó de joven allí y a día de hoy sigue siendo socio.

«Gracias a que La Calandina me ha apoyado puedo hacerlo en ecológico. Cuando me decidí, hablé con el gerente, lo comunicaron y me dijo: «Sí tú te metes en ese lío, Javier, nosotros te lo comercializamos». Entonces fue cuando yo eché adelante para hacer una producción en ecológico». Hacer fruta es muy difícil y el melocotón más, incluso en convencional. La fruta ecológica es producida sin abonos ni pesticidas de síntesis química (fungicidas, insecticidas o herbicidas). «Los productos que utilizamos vienen de la naturaleza: minerales como el azufre, el cobre, extractos de plantas o productos biológicos», nos contaba Javier. Para la producción de frutales en ecológico es muy importante recuperar la fertilidad del suelo y la microbiología. El tema de las plagas es un punto crítico a tener en cuenta. «Se tiene que abordar, a mi entender, desde una visión integral. Lo primero es intentar tener la planta lo más fuerte posible. Una vez que está sana y fuerte le será mucho más fácil convivir con los hongos y los insectos sin ser plaga», explica Andreu Vila, asesor de Javier, en una entrevista. Incrementar la vegetación y la diversificación del agroecosistema utilizando bandas florales es también una herramienta muy útil. De esta forma, se consigue atraer a los polinizadores y también a enemigos naturales de las plagas. Las bandas florales proporcionan refugio y apoyo para mantenerse y desarrollarse a muchas especies de depredadores y parasitoides y de esta manera conseguir un control biológico de plagas en las fincas.

El agricultor ecológico debe integrar su finca con el entorno del que también forma parte e influye en ella, creándose así una serie de relaciones (depredación, parasitismo, protección contra la erosión, fertilidad natural, etc.), que fortalecen al agroecosistema. En esta familia también tienen almendro y olivo, todo en ecológico. Y complementan los ingresos con servicios agrícolas a externos. En la producción en ecológico es muy importante estar atentos a los árboles, cuidarlos, mimarlos. «Los días que estoy menos atento, los árboles lo sienten. La agricultura ecológica es una agricultura preventiva, has de ir por delante. Sin embargo, en convencional ves un problema y actúas en ese momento», nos contaba. Javier es una persona despierta e inquieta. Aunque pronto dejó el sistema educativo, nunca ha dejado de estudiar, formarse e innovar. Fueron de los primeros en empezar con el riego por goteo y también con la malla antigranizo. «Me gusta leer e informarme. Una de las revistas que me ha despertado el interés por la agricultura ecológica ha sido *La Fertilidad de la Tierra*. Todo lo he aprendido a base de ensayo y error». Visitamos una de sus fincas y comprobamos como María Francisca y Javier prestaban atención, uno a uno, a todos los árboles. Parte esencial para la atracción de depredadores que controlen las plagas son las flores. Nos encantó ver la finca llena de: cosmos, petunias, capuchinas, caléndulas, borrajas... ¡Todo tipo de flores!

Javier era claro, hacer melocotón ecológico es muy difícil. «El pulgón es el mayor enemigo. Me ha quitado muchas veces el sueño. Pero no solo para mí, todos están igual. En ecológico tienes que tratar al pulgón con medidas no agresivas porque si no se defiende y empieza a multiplicarse, tiene que ser algo poco a poco y estable», nos decía. Antes casi no había plagas porque el ecosistema no estaba dañado, estaba en equilibrio. Con años de producción intensiva, uso de fitosanitarios y la reducción de la diversidad de cultivos, las plagas son cada vez peores. Javier nos decía que la selección de la variedad es fundamental y por ese motivo él ha decidido montar un vivero para hacerse la planta utilizando las variedades locales y de su familia que mejor le han funcionado. Han sido muchos años de trabajo, de abrir camino, aunque, en ocasiones, ha estado a punto de tirar la toalla. La transición de producción convencional a ecológica es un trance para los árboles. Javier ha contado con el asesoramiento de Andreu Vila cuando se ha encontrado con problemas graves. «Si de verdad queremos que la agricultura ecológica alimente a la población, el apoyo ha de empezar desde arriba. Se podría hacer si todos estuviéramos coordinados: universidades, escuelas agrarias, técnicos y agricultores. Si queremos agricultura ecológica necesitamos gente formada. Se puede hacer, solo hace falta voluntad».

Los estándares del mercado, especialmente en la fruta, centran la calidad del producto en la imagen. Con la llegada del autoservicio a los supermercados, y la desaparición del tendero, la única referencia que queda a quien consume es el aspecto de la fruta y, claro, siempre se busca grande y lustrosa. «Los melocotones no salen de un molde, cada árbol es diferente y cada melocotón también. Hay que concienciar, no pasa nada porque esté feo». Hablando con Javier le preguntamos sobre cómo ve la situación de la producción ecológica. Para él cada día la gente está más sensibilizada, pero falta más conciencia. «Es necesario un cambio de mentalidad, tanto entre productores como entre consumidores», comenta en relación a los beneficios de la producción ecológica. «Porque no es verdad que los productos ecológicos son caros, depende de dónde quieres destinar tú el dinero. A lo mejor el dinero no lo destinamos a una alimentación sana si no a otras cosas que nos satisfacen más. Hemos de saber colocar nuestras prioridades». Acertadas palabras que nos hacen reflexionar sobre la confusión que existe entre valor y precio. Después de escuchar a Javier y ver todo el trabajo y esfuerzo que hay detrás de un kilo de sus melocotones, ¿cómo podemos decir que son caros?

El tiempo que compartimos con esta familia fue una delicia, como sus melocotones. Nos abrieron las puertas de su casa con sencillez y generosidad, compartiendo reflexiones y divertidas historias familiares. Javier lo tiene claro: «Se puede vivir en el mundo rural y hacer cosas diferentes. Si yo he llegado a hacerlo más gente puede». Nos despedimos con unas palabras inspiradoras: «El motor de tu día a día son los principios que tienes. Hay que luchar por esos principios, y si tú crees en ellos ve a por ellos».

29 de agosto de 2021, Andorra

Mujeres y ruralidades

Biela y Tierra organizamos charlas y encuentros de tú a tú para vincularnos directamente con los territorios. La última tuvo lugar en Andorra y fue muy enriquecedora. La titulamos «Mujeres y Ruralidades», e intercambiamos experiencias lideradas o integradas por mujeres en el entorno rural. Se realizó en el Centro de Estudios Ambientales-Ítaca Jose Luis Iranzo, un edificio amplio, luminoso y acogedor, construido con materiales nobles y decorado de forma sencilla con elementos de la naturaleza. Olga, su coordinadora, nos puso en contexto: «El centro surgió como colaboración entre la Universidad de Zaragoza y el Gobierno de Aragón con la intención de crear un campus donde se abordarían aspectos relacionados con el medio ambiente en busca de la reconversión de la minería». Esta idea no se llevó a cabo y el centro quedó en manos del Ayuntamiento de Andorra, que decidió destinarlo a iniciativas ambientales. Construido con técnicas de bioconstrucción y bioclimatismo, abrió sus puertas en 2008. Desde 2017 lleva el nombre de José Luis Iranzo, en homenaje a este joven ganadero y agricultor andorrano comprometido con el medio rural y, especialmente, con los agricultores y ganaderos, siempre dispuesto a luchar y trabajar, solidario y generoso que fue asesinado en el conocido como Mas del Saso.

El compromiso del centro ha sido siempre «promover el conocimiento y la sensibilidad hacia el medio ambiente generando propuestas que contribuyan a la transición ecológica de nuestra zona», nos explicaba Olga. Sus propuestas son interdisciplinares, principalmente centradas en la sensibilización y la educación medioambiental. Olga nos aclaraba su posicionamiento al respecto:

Son muchas las actividades que hemos promovido. Se trabaja con los colegios de Andorra, con recursos naturales como los pinares, el sendero etnobotánico, los huertos ecológicos, las plantas medicinales, la lana de las ovejas, la bioconstrucción, la educación medioambiental,

153

una ruta de árboles singulares, una campaña de reducción del uso plásticos, talleres de sensibilización sobre el cambio climático, cursos de la universidad de verano y arte-naturaleza, arte-reciclaje o el día del árbol, plantaciones, etc. También colaboramos con el Mercado Local y Agroecológico del Norte de Teruel.[46] Somos centro formador del INAEM en energías renovables con el objetivo de que personas vinculadas a la central térmica tengan la oportunidad de formarse y cambiar su perfil. Trabajamos con diferentes propuestas en colaboración con la comarca Andorra-Sierra de Arcos, con el grupo LEADER ADIBAMA, CIRCE... y también con iniciativas privadas vinculadas al desarrollo sostenible, como La Ojinegra o Chocolates Artesanos Isabel.

Con todo esto pensamos: no hay espacio más adecuado para «Mujeres y Ruralidades». Abrió la primera parte del coloquio Carolina Llaquet, presidenta de la Federación de Asociaciones de Mujeres Rurales (FADEMUR) en Aragón. «En España el 80 % del territorio es rural, y solo lo habita el 20 % de la población. El medio rural tiene tres grandes problemas: despoblación, masculinización y envejecimiento. Se da el fenómeno de la huida ilustrada, especialmente en las mujeres, que salen a estudiar fuera y no vuelven. Para evitarlo es esencial que las mujeres sean titulares de la tierra y fomentar el autoempleo». Desde FADEMUR trabajan en programas para la inserción laboral y el emprendimiento: a través de los fondos IRPF trabajan en un programa de promoción de cooperativas rurales de servicios; acompañan a las participantes con formación, talleres, ferias y, lo más importante, crean red. En esta línea está el programa Ruraltivity, en tres fases: semillero de ideas, germinación de ideas y floración y frutos. FADEMUR llega a todas las edades: «No queremos olvidarnos de las mujeres mayores. Cuidándonos para un Futuro Mejor es un programa de envejecimiento activo enfocado a las mujeres rurales de más de 65 años».

Luchan también contra la violencia de género. En el año 2021 realizaron un estudio sobre mujeres víctimas de violencia de género en el mundo rural. «Queríamos conocer la percepción de las mujeres rurales sobre

---

46. Véase el cuaderno de campo de Villel.

el fenómeno, no era un estudio estadístico», contaba Carolina. Datos ya tenemos y ponen los pelos de punta: en municipios de menos de 2.000 habitantes, el 72,9 % de las víctimas no denuncia los malos tratos y el 60 % de las mujeres asesinadas en 2021 son de municipios de menos de 20.000 habitantes. «Las mujeres rurales aguantan una media de 20 años viviendo con su maltratador por falta de independencia económica», explicó Carolina. El estudio se realizó a nivel estatal en siete comunidades autónomas elegidas por su ruralidad y dispersión como variables más influyentes en la representatividad y utilidad. «En el mundo rural el tema de la violencia de género se considera un tema privado, no una lacra social». Algunas propuestas de FADEMUR para atajar la violencia de género han sido la sensibilización y el acompañamiento. Han lanzado un programa de sensibilización con un spot que lo dice alto y claro: «En un pueblo todo se sabe, ¿o no?». Además, a través de Cultivando Igualdad, se ofrecen espacios seguros contra la violencia de género en el medio rural.

La siguiente intervención vino de la mano de Cristina Espada, dinamizadora de La Era Rural en el Bajo Aragón. «Somos una red de proyectos, ideas, personas y organizaciones que, juntas, impulsamos el desarrollo de proyectos en el ámbito rural aragonés fomentando y apoyando la iniciativa, el liderazgo y el emprendimiento juvenil», nos explicó. Nació de Jóvenes Dinamizadores Rurales tras un proceso de reflexión. «La Era Rural aporta herramientas, acceso a becas y formación gratuita además de una comunidad, un mapa interactivo y un espacio web propio para estar en contacto con otras iniciativas». Realizan distintas acciones de dinamización como las visitas de inspiración, presenciales y *online*, para conocer iniciativas que puedan servir de ejemplo y asesoramiento unas a otras. También llevan a cabo la *pildoleta*, que es un programa de formación con microconsejos para emprendedores. Se realiza un día a la semana *online* y trata temas como la digitalización, el posicionamiento en Google, las redes sociales.... Cristina es una persona apasionada y amante de la creatividad. Nació en Alcorisa y estudió bellas artes, fotografía, diseño gráfico, liderazgo y crecimiento personal. Después de vivir en Helsinki, Barcelona y Shanghai, volvió a su pueblo hace nueve años y ahora dice: «No me imagino vivir en otro lugar». Lleva su proyecto personal y profesional Dadu

Mundo Creativo. Es una mujer que desborda alegría y dice que su vida se ha caracteriza por tres constantes: los viajes, la inquietud por aprender y el ámbito de lo visual. Con Dadu ha conseguido crear una plataforma de dinamización rural donde conecta la creatividad con las personas, la comunidad y el territorio.

La tercera ponente fue Begoña Sierra, que se definió como una joven que lleva 22 años «replantada en el medio rural». Y utilizó la palabra replantada con la acepción de «volver a plantar donde antes ya había planta». Moscardón, el pueblo donde vive, pasó de 350 habitantes en 1955 a 50 habitantes en el año 2000. En 1999, se asentaron allí un grupo de cinco jóvenes y montaron una empresa de turismo rural. «Llegamos de la ciudad con juventud e inconsciencia. No teníamos ni la visión idílica del mundo de Heidi ni la visión antagónica de que nos íbamos al fin del mundo». Habló de la receta para que todo fuese bien: «Mucho trabajo, ilusión y contar con el apoyo de la gente de Moscardón». Ella siempre ha estado vinculada al asociacionismo. La empresa que montaron tenía ese componente de trabajo en equipo y otros valores del asociacionismo como la confianza, el apoyo mutuo o el papel de transformación y mejora del entorno y el crecimiento de las personas que forman las asociaciones. «Una asociación es una herramienta para crear algo que no existe». En 2005 nació la Asociación de Mujeres Caranjaina. Para cubrir las necesidades de las familias montaron una Casa Canguro para niños de cero a tres años. Con el objetivo de socializar crearon una ludoteca mensual: «el rincón de l@s muchich@s». El tercer objetivo fue la vía reivindicativa: «Sacar a las mujeres rurales de lo doméstico a lo público. Recuperamos el 8M como acto reivindicativo y no solo festivo». Begoña siguió trabajando por el asociacionismo y en 2007 surgió la Asociación de Empresarios Turísticos de la Sierra de Albarracín, de la que es gerente. «Lo que hasta entonces había sido activismo se convirtió en un trabajo. Es una forma de autoempleo distinta. Puedo explicar y aplicar mi experiencia desde el otro lado». La función de esta asociación es cohesionar un sector disperso. «Intentamos ir a una, no vernos como competencia sino como colaboración», nos explicó. Y claro, como Begoña es una mujer muy activa, una vez que de su ocio había hecho su profesión se planteó: «Ahora, ¿a qué dedico mi tiempo libre?

Pues a salvaguardar el destino de la Sierra Albarracín y trabajar para que se conserve como lo tenemos». Ella es una de las piezas clave de la Plataforma a favor de los paisajes de Teruel.[47] De su intervención nos quedamos con tres ideas: «la mujer rural es diversa y alberga muchas formas de vivir esa ruralidad; el asociacionismo es clave para evolucionar como sociedad; amemos nuestro territorio y seamos activos en su defensa».

La última ponente, Pilar Edo, tomó la palabra y comenzó diciendo: «Es necesario trabajar de forma activa para que no nos impongan algo que no queremos. La agricultura y la ganadería extensiva ya están poco apoyadas y con las macrocentrales la amenaza es mayor. Para la toma de decisiones han de contar con la gente del territorio». La historia de Pilar, de Bañón,[48] ya la conocemos. Nos confesó su sensación cuando llegó a vivir al pueblo: «Sentía que era un bicho raro pero luego descubres que hay muchos bichos raros en otros lugares de Teruel». Llegar a Bañón fue la necesidad de conectar con sus raíces; nos dijo que cuando se incorporó se encontró desarrollándose «como agricultora, ganadera y también como mujer, porque todo esto no está reñido». «Una de las cosas que más me ayudó a dar el paso de coger la explotación familiar fue el apoyo y cariño recibido». Es una defensora de la combinación de agricultura y ganadería extensiva: «Es un modelo perfecto». Nos habló de las dificultades, de los precios irrisorios y de la venta directa: «Es lamentable que tengamos que vivir de las ayudas. Me gustaría vender mis corderos directamente. Me da mucha rabia porque sabes que tu producto es de calidad y no sabes quién lo consume». Con el cierre de los mataderos en los pueblos, el sacrificio de los animales se concentra en unos pocos núcleos urbanos.[49]

La segunda parte de la jornada empezó con una mesa redonda. La primera en intervenir fue Raquel Burillo, de Alacón, que con tan solo 20 años se ha incorporado como ganadera y agricultora. «No tienes que ser mujer ni hombre, te tiene que gustar lo que haces», reflexionó. Quería quedarse en su pueblo y continuar con las ovejas de su familia. Es una muestra de la fuerza y compromiso de las nuevas generaciones de mujeres rurales.

157

---

47. Véase el cuaderno de campo de Castellote.
48. Véase el cuaderno de campo de Bañón.
49. Véase el cuaderno de campo de Albarracín.

Como Julia que, con 28 años, empezó a interesarse por la procedencia de los alimentos. «Desde que llegué a Alloza he trabajado muchísimo, he hecho y aprendido cosas que nunca me había planteado. Estoy cansada y contenta a partes iguales». Julia y su pareja, Raúl, están trabajando en la rehabilitación de un corral que será un espacio interdisciplinar donde se encontrará su taller de cerámica El noveno corral.[50]

Compartimos entre todas las participantes. ¿Qué aporta la mujer en el medio rural? Creatividad, cuidados, ganas de colaborar, innovación, asociacionismo no reglado, redes desde el intercambio, una visión integradora.... Como explicaba Lucía, de mallata.com, en una entrevista: «Las mujeres no solo generamos vida, sino que nuestra forma de trabajar en red crea ese tejido vital que hace que los pueblos funcionen». Había también mujeres implicadas en política, como Marta Sancho Blasco, presidenta de la comarca Andorra-Sierra de Arcos y concejala del Ayuntamiento de Alloza. «De los 24 consejeros comarcales solo cuatro somos mujeres y en el Ayuntamiento Alloza, de los siete concejales, soy la única mujer. Yo creo que aporto juventud y una mirada femenina que se echa de menos en política». También Margarita Santos Blasco, concejala de Educación, Cultura y Turismo del Ayuntamiento de Andorra, reflexionó: «Las mujeres en política somos tan exóticas como las ganaderas, la que sobrevive es porque es tozuda». También remarcó la importancia de la mujer en el medio rural porque «lo que fija población en un pueblo no es el empleo masculino sino el femenino». Otras voces añadieron que somos el motor en el asociacionismo y voluntariado y que es importante estar presentes en política. Para cerrar la jornada dimos la palabra a Encarna,[51] que nos dijo: «Busca lo que te una, no lo que te separe y sigue trabajando con ilusión». Mujeres referentes enraizadas en la tierra que nos nutren con su savia para seguir con las últimas pedaladas de nuestro camino. A todas, ¡gracias!

158

---

50. Véase el cuaderno de campo de Alloza.

51. Véase el cuaderno de campo de Alcalá de la Selva.

30 de agosto de 2021, Albalate del Arzobispo

Cuidar el suelo para regenerar la vida

Llegamos a Albalate del Arzobispo en un día borrascoso. Pedalear con lluvia suave es una delicia y así fue nuestro camino, rodeadas de suaves laderas de vegetación baja que terminó en la preciosa vega del río Martín con huertas de frutales, chopos, olivos y almendros. Nos encontramos con José Ángel y Jaime, dos jóvenes orgullosos de ser y estar donde quieren, de trabajar en el sector primario, produciendo, innovando y facilitando la transferencia de conocimiento para mejorar la agricultura. José Ángel, Jaime y Eva forman AgroCultívate, una joven asesoría agrícola. «Ofrecemos aquellos servicios que como agricultores hubiésemos necesitado al principio», nos contaban.

«Soy agricultor desde siempre, eso se mama», decía orgulloso José Ángel, oriundo de Albalate del Arzobispo. Con 18 años no quería estudiar, pero en su casa le animaron y se apuntó a un grado superior en Organización de Empresas Agroalimentarias. «Luego seguí con la Ingeniería Agrícola en Huesca. Me fui de Erasmus a Finlandia y conviví con un montón de nacionalidades; estuve colaborando con un centro de investigación y me gustó tanto que me quedé un año», nos contó. Finlandia le abrió la mente a nuevas ideas. Conoció la agricultura regenerativa centrada en la observación y el manejo de los agroecosistemas a partir de la recuperación del equilibrio del suelo y de su microbiología asociada. Cuidar de la fertilidad y la salud de la tierra ha sido tradicionalmente una prioridad para las comunidades campesinas que bien sabían que la obtención de alimentos dependía de ello.

El cuidado a la tierra pasó a un segundo plano con la llegada de la agricultura moderna o agricultura convencional, que basa el manejo de los cultivos en el uso de fertilizantes de síntesis para la nutrición de las plantas (los conocidos compuestos NPK: nitrógeno, fósforo y potasio), pesticidas y herbicidas para el control de plagas, de enfermedades y de las llamadas malas hierbas. Esta nueva agricultura llegó con la promesa de aumentar las cosechas para acabar con el hambre en el mundo. La clave: simplificar la agricultura y alejarla de la diversidad y equilibrio que la naturaleza alberga en todos sus procesos. Se estandarizó el manejo de los sistemas agrícolas con los monocultivos, introduciendo la mecanización y tecnificación gracias a la aparición de maquinaria pesada: grandes tractores para arar cada vez con más intensidad la tierra, dejándola desprotegida y a merced de la erosión. Se desarrollaron nuevas variedades de cultivos altamente productivos, homogéneos para poder cultivar en cualquier lugar, siempre que vayan asociados al paquete tecnológico que proveen las grandes empresas de la agroindustria: semillas, fertilizantes, plaguicidas y herbicidas controlados por un puñado de grandes corporaciones.

Europa, devastada tras la segunda guerra mundial, vio en esta propuesta una solución a sus problemas: reconvirtió su industria armamentística en industria para la producción de alimentos. Las fábricas de tanques se utilizaron para la obtención de grandes tractores y las factorías de munición y armas se reconvirtieron en fábricas para producir fertilizantes químicos: plantas en las que se elaboraba el famoso agente naranja se volvieron productoras de pesticidas y plaguicidas al servicio de la nueva agricultura. La llamada «revolución verde» se extendió como la pólvora. Una nueva manera de entender la agricultura colonizó los campos, las universidades y los mercados de valores. Tras casi un siglo de recorrido las promesas de acabar con el hambre en el mundo no han llegado. Esas variedades superproductivas se muestran cada vez más sensibles y generan más problemas. Cada vez son más las dificultades asociadas al control de plagas o a malas hierbas resistentes a herbicidas. Acuíferos contaminados por nitratos a causa del uso indiscriminado de fertilizantes de síntesis. Agricultura petrodependiente y responsable de casi un 26 % de las emisiones antropogénicas de Gases de Efecto Invernadero (GEI).

Estas prácticas agrícolas también nos han conducido a la pérdida de suelo, provocada por la erosión. Cada año perdemos 24.000 millones de toneladas de tierra fértil que van directamente al mar. Y lo más grave, la fertilidad de nuestra tierra, de nuestros suelos, aquello que asegura la producción de alimentos, ha disminuido de manera dramática. La fertilidad es la capacidad de un suelo para alimentar a las plantas que en él se establezcan, y hay tres pilares fundamentales para mantenerla: la materia orgánica, la microbiología y los minerales. La materia orgánica, es decir, los restos vegetales descompuestos que pasan a formar parte del suelo en distintos procesos de humificación, favorece el acceso a los nutrientes que las plantas necesitan, aumenta la capacidad de acumulación de agua y ese suelo que se convierte en un sumidero de carbono que evita que el CO_2 se expulse a la atmosfera. Promover una agricultura que priorice el aporte de materia orgánica en los campos debería ser una práctica agrícola obligatoria en un escenario de crisis climática como el que estamos viviendo. El segundo pilar de la fertilidad está asociado a la microbiología y a la edafofauna (los animales que viven en el suelo) responsables de mantener la cadena trófica, el ciclo vital y la actividad metabólica del suelo que permite que los nutrientes estén disponibles para que las plantas los puedan absorber. Los minerales presentes en el suelo quedan disponibles para las plantas gracias a la acción de los microorganismos, que los preparan para ser asimilados por las raíces. Y todo este proceso, increíblemente coordinado y equilibrado, forma parte esencial del ciclo natural y es gratuito para el agricultor, que debería solamente preocuparse en mantener las condiciones adecuadas para que esos procesos se sigan dando. Cuando un suelo está muerto, sin la microbiota responsable de procesar los minerales, no hay otro remedio que aportar estos minerales de forma inorgánica. «Como nos demuestra la naturaleza una y otra vez, los humanos no podemos pretender controlar la química indefinidamente sin controlar, conocer y respetar la biología», señala Francesc Font en su libro *Arraigados en la tierra* (Editorial Diente de León, 2021).

A partir de estas premisas, como resume Francesc Font, amigo y colaborador de AgroCultívate: «La agricultura regenerativa se basa en potenciar los procesos naturales priorizando, por ejemplo, las fuentes de energía renovables como el sol, en lugar de combustibles fósiles. Se basa en alinearnos con la naturaleza aprovechando sus mecanismos e intentar no ir nunca en su contra, puesto que hacerlo sale muy caro, significa librar una batalla absolutamente imposible de ganar... Un modelo que propone ir a la raíz del problema para buscar las causas y no conformarse solo con actuar sobre sus efectos. El objetivo principal sería comprender el agroecosistema y mejorarlo con cada acción realizada».

Este es el enfoque de la asesoría AgroCultívate, con Joel Salatin y Darren J. Doherty como referentes. «Siempre desde la experiencia que nos confiere nuestra trayectoria y experiencia como agricultores en nuestras explotaciones. Primero lo probamos en nuestras fincas y luego lo proponemos en las asesorías. Para nosotros es importante trasladar un enfoque profesional de la agricultura», nos contaba Jaime. «Cuando un agricultor nos contacta es porque tiene algún problema y lo primero es hacer un análisis de la realidad completa del suelo para poder empezar a evaluar las posibles causas de los desequilibrios. Después ofrecemos recomendaciones e intentamos dar herramientas al agricultor para que pueda ser autónomo», nos contaba José Ángel. Si una planta tiene más disponibilidad de un elemento, lo absorberá y a su vez también entrará más agua, para equilibrar la concentración. Esto provocará que los tejidos sean más blandos, creando plantas más débiles y con más riesgo de ataques de plagas y enfermedades. Esto ocurre con el uso de fertilizantes de síntesis química. «La mejor opción para llegar al equilibrio en la disponibilidad de elementos es aumentar la cantidad de materia orgánica y fomentar la microbiología del suelo, manteniendo la cobertura vegetal y un buen manejo que reduzca al mínimo el laboreo», explicaba José Ángel. Añadía, a demás, que el funcionamiento óptimo de un agroecosistema debe integrar agricultura y ganadería a través del manejo holístico y el pastoreo rotacional. En este sentido, uno de los proyectos que están asesorando para mejorar el pasto es La Albarda.[52] «Para las propuestas que lanzamos proponemos cambios lentos. Es importante que haya un equilibrio entre la parte agronómica y la económica, los números también tienen que salir», reflexionaba José Ángel.

Tuvimos la suerte de visitar dos de las fincas que José Ángel maneja siguiendo criterios de agricultura regenerativa. «No es un proceso rápido, en

---

52. Véase el cuaderno de campo de Alcalá de la Selva.

estos campos invertí cuatro años hasta ver los cambios, hasta que se formó suelo fértil y se recuperó la dinámica de la vida». Estuvimos en un campo de olivos y otro de almendros y comprobamos cómo el suelo se ha recuperado. Diez centímetros de tierra negra, esponjosa y fresca atestiguan que las prácticas de regeneración del suelo han obtenido buenos resultados. «Los primeros años utilizábamos muchos biopreparados y nos volvíamos locos por identificar la microbiología del suelo. ¿De qué nos sirve saber la microbiología si no conocemos más que el 5 % de lo que ocurre en el suelo? Ahora nos centramos en buscar que el suelo esté en equilibrio, no hace falta saber por qué, sino ver que funciona». Con un suelo equilibrado, se refuerzan las defensas naturales de las plantas. El desequilibrio genera tejidos blandos que harán a las plantas débiles. «Cada vez simplificamos más las prácticas, ahora en lugar de desbrozadora estamos utilizando el Roller Crimper, un apero para regenerar suelos sin labranza que en lugar de cortar la hierba, la dobla y la deja tendida, así se crea cobertura vegetal que retiene humedad y microbiología, ralentiza la degradación permitiendo que la descomposición sea más lenta y el suelo esté más protegido». Como nos decía Javier, de Calanda,[53] para avanzar en una agricultura respetuosa y en equilibrio es necesario aunar fuerzas entre ciencia, escuelas agrarias, técnicos y agricultores. Una parte importante para AgroCultívate es la investigación y la transferencia de conocimiento y por ello participan en distintos proyectos. Uno de ellos, Eficiencia Medio Ambiental y Económica del Cultivo del Almendro en Secano (EMAECAS), confirma los beneficios asociados al uso de cubiertas vegetales en el cultivo del almendro, reduciendo los gastos directos del cultivo, aumentando la humedad en el suelo y la cantidad de minerales disponibles. Los resultados confirman que el manejo orgánico de los almendros es más rentable que el convencional. Otro de los proyectos en los que están trabajando es la Mejora productiva, ambiental y económica del cultivo de cereal ecológico en siembra directa (ECOSDIR). «Este estudio ha demostrado que el sistema de siembra directa puede reducir los gastos en las explotaciones cerealistas en un 20 % frente al laboreo convencional y que el sistema de cultivo ecológico

163

---

53. Véase el cuaderno de campo de Calanda.

puede aumentar los ingresos en un 30%», explicaba José Ángel. «Extraer datos que confirmen que las prácticas de agricultura regenerativa son más viables, sostenibles y rentables es necesario. Difundir los resultados es esencial porque hay mucha investigación que no se conoce». Iniciativas y jóvenes formados y con visión, como los integrantes de AgroCultívate, son piezas clave para la obligada transición que la agricultura y la ganadería deben realizar de manera generalizada para preservar la fertilidad que permitirá alimentar al planeta en los años venideros.

1 de septiembre de 2021, Ariño

Arte y artesanía para combatir la despoblación

La comarca Andorra-Sierra de Arcos nos ha sorprendido gratamente como destino cicloturista. Pedalear la carretera de Albalate a Ariño, con la rocosa Sierra de Arcos a la izquierda, fue una delicia. Este tramo de pendiente moderada y muy disfrutón nos llevó hasta las aguas termales de Ariño, a escasos dos kilómetros del pueblo. Llegamos para conocer Apícola Levi, una empresa familiar dedicada a las abejas y a la apicultura en todas sus acepciones. Miguel, de Ariño, y Carmen, de Oliete, son ya la tercera generación de apicultores. «Mis abuelos tenían vasos de corcho y tanto ellos como mis padres se dedicaban a la agricultura y tenían las abejas como complemento familiar y por ocio», nos contaba Miguel. «Somos la primera pareja que nos hemos dedicado a la apicultura de manera profesional, pero Ángel, mi suegro, con 91 años todavía sigue yendo a las colmenas. No sé qué tiene esto de la apicultura que una vez que empiezas ya no hay quien te pare», reía Carmen. Y sí, algo debe tener porque Ángela, de Apícola Cinco Villas, también nos lo explicó en la ruta anterior.[54]

Carmen y Miguel crearon hace más de 30 años la marca Apícola Levi y comercializan sus productos con el nombre de Miel Casa Roya. Fueron el primer obrador de Teruel en envasar su miel. Carmen explicaba: «Al principio todos los papeleos con el obrador fueron un lío; nos mrearon mucho, es lo que tiene ser pioneros. Ahora, como hay más, parece que lo ven más normal». Venden al por mayor y en tiendas pequeñas de Aragón y Cataluña y se han asociado para exportar a la Unión Europea y a Estados Unidos. «La miel española es reconocida mundialmente por su alta calidad. Tenemos mucha calidad, pero poca producción», explicaba Miguel. Y Carmen le complementó: «El consumo está subiendo y la verdad es que

165

---

54. Véase el libro *Biela y Tierra en ruta* (p. 24).

vendemos todo lo que obtenemos». Carmen lleva la cata y el envasado y Miguel la producción y el material. En Apícola Levi también tienen todo tipo de materiales y complementos para trabajar en apicultura. «Ahora en esta zona hay dos apicultores profesionales y muchos aficionados, quizá 40 o más», nos dijo Miguel.

La miel más valorada de Casa Roya es la monofloral de romero y de tomillo. «Hacemos análisis polínico y de residuos de todos los lotes, así podemos certificar lo que están adquiriendo. El cuidado de las abejas y de la miel es nuestra pasión», decía Miguel. Hasta ahora los análisis los hacían fuera de Teruel. Por suerte, desde el Centro de Innovación en Bioeconomía Rural de Teruel están trabajando en el proyecto FiteMiel2:[55] se trata de recuperar la miel para recuperar el territorio, —con análisis melisopalinológicos, análisis del potencial de mercado y apiturismo— y son el primer y único centro de análisis de miel en Aragón.

En Aragón, la miel que más se consume es la de romero y fuera, la de tomillo. «Estos tipos de miel son conocidos por sus propiedades antiinflamatorias y contra los resfriados», explicó Carmen. También obtienen otros productos como el polen y propóleos y con la miel menos buena elaboran cosmética en colaboración con otra empresa. También apoyan en la floración de los almendros llevando, durante los meses de febrero-marzo, sus colmenas a los campos. «Antes hacíamos también la trashumancia para la floración de los naranjos, pero a día de hoy nos movemos solo en poblaciones cercanas. Cuando terminamos aquí la floración del romero subimos las colmenas a Fonfría donde, con más altura, están más frescas y pueden afanarse con otras flores más tardías».

Miguel y Carmen compartieron con nosotras recuerdos y aprendizajes. «La apicultura está cambiando mucho. A día de hoy hay que producir más para poder aguantar», nos decía Miguel. «Y vemos que la mortalidad de las colmenas es cada vez mayor. La Varroa nos trae a todos de calle y el uso de fitosanitarios afecta mucho. Cada año mueren más colmenas, crían menos, viven menos tiempo», explicaba Carmen. La Varroa es un ácaro que llegó a España en los años 80. Miguel nos explicaba el fenómeno: «Lo peor

---

55. Véase el cuaderno de campo de Tramacastilla.

de todo es que se hace resistente a los medicamentos. Ahora están haciendo pruebas con timol y ácido oxálico y esperemos que mejore porque la mortalidad por la Varroa suele ser del 20 % y, en algunos casos, ha llegado hasta el 80 %. La Varroa debilita la colmena y puede que entren otras enfermedades, como la Loque europea o americana o el *pollo escayolado»*.

Apícola Levi está asociada a la Agrupación de Defensa Sanitaria (ADS) Apícola de Teruel, de la cual Miguel es el expresidente. Gracias a esta asociación se hacen estudios de Varroa, cursos, talleres, etc.; Carmen y Miguel lo tienen claro, es mucho más que un oficio. «Para nosotros ya no es trabajo, es nuestro día a día. La apicultura es un arte», decía sonriente Carmen. Preguntamos por algún consejo para alguien que quisiera empezar y Miguel nos dijo: «Lo principal para trabajar con las abejas es no tener miedo y que empiecen con 8-10 colmenas, poco a poco. Aprender, ver lo que vas sacando y si eso luego te lanzas». Consejos sabios de gentes dedicadas en cuerpo y alma a estos preciosos y valiosos insectos. Sin duda, una iniciativa que muestra el valor de Cultivar Saberes para Cosechar Futuro en la comarca Andorra-Sierra de Arcos.

167

En Ariño estuvimos también con Joaquín Macipe, un artista multidisciplinar que está en mil jaleos de la zona: el grupo de teatro insolvente, las clases de pintura, el Rolde, la asociación Repechorock... Y es que el mundo rural está lleno de vida y de cultura. «No podemos asumir que la cultura y las fiestas de los pueblos están solo asociadas a desfase», comentaba Joaquín. Como decían nuestras amigas de Tabanera de Cerrato: «La música, la comunidad, el encuentro, la metáfora, la danza, el juego, la palabra, la celebración, el rito... es un patrimonio, un tesoro intangible que sostiene, cohesiona y hace posible la vida en comunidad. Tan necesario como el alimento que nos nutre o el agua que bebemos.»[56]

Joaquín nos contó que llegó a este pueblo hace ya 15 años: «Mis raíces están en Ariño pero mis padres emigraron. Yo nací en Zaragoza y he hecho el camino al revés. Estudié Bellas Artes y estaba trabajando como docente en un colegio concertado. La casa de mis abuelos se estaba deteriorando y mi padre nos dijo que si alguien la quería era para él. Dicho y hecho, la

---

56. Véase el libro *Biela y Tierra en ruta* (p. 59).

rehabilitamos y me vine al pueblo. Preparé las oposiciones, aprobé a la primera y cogí la plaza de Alcorisa». Joaquín reflexionaba que para llegar al mundo rural no solo necesitas una casa, sino también una oportunidad laboral. Para él, ser docente en un instituto rural como el IES Alcorisa es un regalo: «Grupos reducidos, la relación con las familias... El trato es mucho más cercano y hacemos cosas chulas. Tengo la sensación de que a día de hoy los chavales quieren quedarse en su pueblo. Para mí las tres patas fundamentales para vivir en lo rural son: querer estar en ese pueblo, poder estar en ese pueblo y estar a gusto, gracias a un tejido cultural, asociativo y que la gente te acoja».

Charlar y compartir reflexiones con Joaquín es muy nutritivo. Nos comentaba que él no siente que venirse a vivir a un pueblo sea un acto heroico. «Más bien al revés, vivir aquí es un regalo. El día a día en un pueblo es igual que en una ciudad, pero con más tiempo y más ocio, yo hago lo mismo, pero mejor». Durante la ruta de Teruel varias personas han desmentido el falso mito de que la vida rural es aburrida o falta de cultura y Joaquín lo confirmó: «Aquí disfrutamos de las mismas obras de teatro que en el Principal de Zaragoza o de conciertos de una calidad increíble». Nos explicaba que la cultura no solo viene dada desde las instituciones, hay mucho tejido asociativo y cultura autogestionada. Muestra de ello son varias de las asociaciones y actividades en las que está involucrado. «En los pueblos hay inquietud cultural y no es verdad que la oferta cultural sea menor».

Joaquín, además, lo veía claro: «Una de las claves para luchar contra la despoblación puede ser fomentar la generación de tejido artístico en los pueblos. Una persona artista, creadora, necesita espacio, tiempo, visibilidad y tejido artístico. El mundo rural es una oportunidad única para el arte ya que se puede tener más fácilmente un taller, el tiempo te cunde más y hay cercanía con la población, la gente te conoce y te hace encargos. Pienso en cómo hubiese sido mi trayectoria artística en Zaragoza y lo veo difícil». Reflexiones así compartimos también con Elisa de Nylon Silvestre.[57]

El mundo rural ofrece oportunidades únicas a la producción artística y viceversa. Joaquín, artista multidisciplinar, ve la industria artística como

---

57. Véase el cuaderno de campo de Pancrudo.

una ocasión de generar trabajo con alto valor añadido en entornos rurales. Así nos lo detalla:

Al ser humano le gusta el arte, es la diferencia con otros mandriles. El arte parece que somos cuatro iluminados, pero es algo inherente a todas las personas y con un valor brutal. No requiere infraestructura, no tiene huella ecológica, no genera residuos... Si miramos el arte como industria nos podemos dar cuenta que con muy poco sacamos mucho. Esta industria a día de hoy no hace falta que esté en las ciudades, también puede estar en los pueblos. Por eso es importante llevar a la gente desde el principio para que eche raíces. Facilitar el arranque inicial de gente recién licenciada en los pueblos, ya que cuando un artista se asienta en un taller cuesta mucho que cambie de lugar, porque ese espacio es su vida. Trasplantar una planta es más difícil que plantarla desde el principio.

169

Joaquín nos contó también que otra de sus aficiones es la agricultura. Recuperó los olivos de la familia y ahora los cuida y obtiene su propio aceite virgen extra. Tradiciones y oficios ancestrales como la apicultura, el arte y la cultura nos muestran que son elementos de futuro y pueden ser motor para revitalizar el mundo rural: Cultiva Saberes, Cosecha Futuro.

Alloza exótica

Nuestro viaje está alcanzando el final. Llegamos a Alloza, localidad que ya visitamos en 2019 y donde nos esperaban amigas y amigos. Los recuerdos nos invaden al llegar al mirador. En este lugar finaliza el video de promoción de la ruta #BielayTierraTeruel, con una escena de belleza abrumadora. Un escalofrío nos recorre el cuerpo. Los últimos días, entrevistas y sorpresas compartidas de esta increíble ruta en la que hemos descubierto Teruel, una tierra que sin duda nos ha cautivado.

Descendemos ligeras por la carretera admirando el espectacular entorno que nos lleva hasta la olla en la que se encuentra el pueblo. Una vez más, la comarca Andorra-Sierra de Arcos nos regala paisajes para disfrutar con calma. Llegamos ilusionadas para reencontrarnos con Xavi y Belén, de La Ojinegra. Hace dos años ya os presentamos a esta pareja amiga y aliada imprescindible.[58] Llegaron de Cardedeu a reencontrarse con sus orígenes. Querían emprender en el pueblo e ir creciendo, como la vida, de manera orgánica. La Ojinegra es un proyecto de referencia en ecogastronomía, alojamiento sostenible y formación en cocina agroecológica y saludable. Y está situado aquí, en un pequeño pueblo de 400 habitantes de la comarca de Andorra-Sierra de Arcos. Comenzó como un alojamiento sostenible y fueron diversificando en función de las necesidades de crecer económicamente como familia y como negocio. Después abrieron el restaurante, con cocina de leña, productos ecológicos y kilómetro 0. Y nacieron la cocina a domicilio y los talleres ecogastronómicos.

«Promovemos un turismo gastronómico, que permita llevarse también el recuerdo de a qué sabe el lugar que visitas. Para nosotros son esenciales los valores de la ecogastronomía, y los aterrizamos a partir de las compras de productos de comercio justo, producto local y ecológico de pequeños

---

58. Véase el libro *Biela y Tierra en ruta* (p. 345).

productores. Integramos la estacionalidad variando los menús para que se adapten a las huertas agroecológicas, porque no hay de todo en todo momento. Entre todas debemos contribuir a reducir el consumo», nos contaba Belén. «La sostenibilidad guarda un lugar central, ponemos mucha atención en hacer una buena gestión. Buscamos soluciones para combatir el desperdicio alimentario, aprovechar los recursos forestales, utilizar productos de limpieza Ecolabel y tejidos ecológicos, consumir local y de temporada», nos decía Xavi. Conducen con mimo su proyecto y ponen corazón. Su energía se contagia y son motor de dinamización en la comarca y apoyo para los productores. «Tenemos que apoyarnos, es importante crear redes. Impulsar el Agromercado del Norte de Teruel[59] es conectarnos y concienciar a quienes consumen de la importancia de apoyar a los productores locales». Sentarse a la mesa en la Ojinegra es un pequeño viaje, una manera de conocer quién hay detrás de esos alimentos y un ejemplo vivo de que la alimentación saludable y sostenible deleita los sentidos.

Seguimos pedaleando para visitar una iniciativa pionera en la comarca: Sin Gluten Teruel, obrador artesano que elabora pan y repostería aptas para celíacos e intolerantes al gluten. María y Alberto impulsan el proyecto. «Lo hacemos todo: elaborar, repartir, facturar, promocionar... Es un proyecto familiar», nos contaba María. Se conocieron estudiando hostelería. Tras vivir en Zaragoza, decidieron hacer un cambio y volver al pueblo. Alberto entró a trabajar en el horno tradicional de leña del pueblo; aprendió mucho y empezaron con su obrador sin gluten. «Queríamos alguna cosa nuestra, montar algo que no existiera», decía, y se pusieron a investigar. «Montando banquetes siempre nos costaba mucho encontrar pan sin gluten y cada vez lo demandaban más. Como Alberto ya tenía conocimientos de panadería y no existía ningún obrador artesano sin gluten en Teruel, pensamos que podía ser un camino», recordaba María. Mucha gente con celiaquía tiene intolerancia a la lactosa y apostaron por elaborar productos inclusivos, eliminando alérgenos: pan y repostería sin gluten, sin lactosa y sin frutos secos. No todo fue un camino de rosas: «Trabajar con masas sin gluten es muy complicado porque el gluten es la proteína que confiere

59. Véase el cuaderno de campo de Villel.

elasticidad a las masas. Las masas sin gluten han de estar muy hidratadas para poderlas trabajar y se vuelven muy pegajosas. Las barras, por ejemplo, las preparamos con manga pastelera», nos contaba Alberto. Elaboran sus propias mezclas de almidón de maíz, de mandioca, fécula de patata, harina de sarraceno o de avena. Además, todos sus panes tienen una fermentación lenta, unas 10-12 horas, para conseguir una mejor miga y más sabor. La mayoría de productos sin gluten del mercado se elaboran a partir de un premix con muchos aditivos, conservantes y estabilizantes. «Hay una gran diferencia, los clientes nos dicen que les encanta nuestra repostería, personas que hace mucho que no habían vuelto a probar hojaldre, pizza o empanadas. Todos los esfuerzos están recompensados cuando sabes que lo que hacemos gusta y se valora». Trabajan duro tres días a la semana en el obrador y el resto reparten. Por la tarde amasan, dejan las masas en el horno fermentador, que controla temperatura y humedad, y a las cuatro de la mañana empiezan a hornear.

«Hemos puesto placas solares para producir nuestra propia energía eléctrica y ahorrar, tenemos mucho gasto, nos dan autonomía y somos más sostenibles». Emprender en el medio rural no es sencillo. María nos hablaba de las dificultades: «Las administraciones deberían simplificar los trámites. No puede ser que nos exijan hacer los trámites por vía telemática y no tengamos una buena conexión». Les pedimos un consejo para las personas que quieran emprender en el mundo rural: «Lo más importante es tenerlo muy claro, tener ilusión y trabajar mucho. A nosotros nos ha valido la pena», nos contaba María. «Al llegar aquí me di cuenta que me sobraba tiempo, y eso no tiene precio».

Ilusión no les falta a Raúl y Julia, de El noveno Corral, que está en proceso de construcción. Julia estudió Comunicación Audiovisual y se doctoró con su tesis: La función estética del color en el cine. Es deportista y empezó a interesarse por la alimentación y por conocer el origen de lo que comemos. Esto, sin remedio, la acercó al medio rural y despertó su interés por ir a vivir a un pueblo. «Yo no tengo pueblo, mi familia es de Zaragoza», recordaba riendo. Conoció a Raúl, un joven inquieto y autodidacta que, tras vivir en distintas ciudades y dedicarse a cosas tan dispares como protésico dental, logística o trabajador en pistas de esquí, encontró su lugar en Alloza, el pueblo de su familia. «Viví aquí unos meses, me di cuenta de que había encontrado mi sitio; ya no quería volver a una ciudad. Llegué con un proyecto de artesanía con madera. Me viene en los genes, mi abuelo fue ebanista, carnicero, transportista, de todo y me ha contado siempre mucho sobre su vida e historias del pueblo», nos explicó Raúl.

En junio de 2019, Julia se mudó con Raúl a Alloza. Tenían la idea de construir un proyecto bonito desde el autoempleo. «Nos apuntamos a un curso de cerámica. Nos encantó. Compramos un buen torno y un horno para cocer cerámica y gres. Me apasiona el mundo de la comunicación. Queríamos aunar estos dos mundos». El lugar elegido es un antiguo corral de la familia de Raúl. «De ahí viene el nombre, este lugar data de hace más de cien años. Ha sido molino de aceite, almacén de tabaco de estraperlo y finalmente un corral de paja y ganado de ojinegras». Acababan de empezar las obras de reforma. Se les iluminaban los ojos cuando nos hablaban del proyecto: «Queremos crear un espacio alternativo para actividades, cursos, charlas y, a la vez, el taller de madera y de cerámica. Un lugar para que venga gente y un aliciente para la gente que vive aquí. Enfocado en la permacultura, la bioconstrucción, donde la estética y la belleza tengan una función». Disponen de unos bancales que están acondicionando con diseño de permacultura para plantar frutales, huertas y crear también un espacio exterior. «Nuestros valores se fundamentan mucho en el cuidado del medio ambiente, una vida sencilla, tomar consciencia de qué cosas son necesarias, generar pocos residuos, trabajar con alimentos locales y ecológicos. Mostrar que esta manera de vivir y hacer es posible. Formar parte de esa red de mucha gente pequeña, en lugares pequeños...», explicaba sonriendo Julia. A ella le gustaría empezar con un proyecto sencillo. «Quiere hacer videos cuidados, bellos, para mostrar las pequeñas cosas, los detalles, la luz de la mañana, la belleza de lo sencillo. Es lo que vivimos cada día», nos contaba Julia.

Mientras, Raúl trabaja en apadrinaunolivo.org como capataz para 14.000 olivos. Hace seguimiento de los campos, control de plagas, poda y mejora del suelo. «Desde pequeño he estado vinculado a los olivos; mis abuelos siempre han tenido. Ya en la tripa de mi madre iba a la oliva. Íbamos toda la familia, tíos, primos, abuelos, a cuidar los campos y a coger

173

olivas con las escaleras, todo a vara y con mantones. No nos gustaba. Vivíamos en Zaragoza y durante dos meses veníamos cada fin de semana para trabajar, imagina». En Alloza los olivos forman parte de la cultura local. Todas las familias tenían campos con olivos. Tienen una variedad de oliva local: la royal de Alloza.

Parte de los olivos de la familia de Raúl los trabaja Javier, un joven de raíces allozanas que también decidió volver después de vivir en Italia varios años. Estudió historia y durante su Erasmus en Siena, se enamoró de Italia. Volvió allí para estudiar arqueología y la vida le acercó al sector primario, al principio con viñas en la Toscana y, posteriormente, se fue formando en permacultura y en agricultura regenerativa. «Italia es la vanguardia en estos aspectos; tienden a ser excelentes y se han especializado en hacer aceite de alta calidad», nos contaba Javier. Empezó con los árboles y siguió con el aceite, se formó como especialista en cata de oliva y siguió trabajando como podador.

En 2019, decidió volver a sus orígenes con la idea de tener su propia almazara. Participó en el programa de emprendimiento IAF 2020: «Me ayudaron a aterrizar mi idea a través de mentorías y asesorías». Se lanzó a comprar 80 hectáreas de olivos centenarios. En 2018 hizo la primera molienda con sus olivas: «Es muy emocionante, adrenalínico. Yo tenía claro cómo quería que fuese mi aceite y durante varios años he estado trabajando duramente con los árboles, la oliva y la molienda hasta conseguirlo. Creo que este último año he llegado más o menos a la idea que tenía», nos contaba Javier. Así nació Aiosa Olive Oil. «Un *coupage* único, elaborado con cuatro variedades diferentes de aceitunas: royal, arbequina, empeltre y verdeña. Los olivos están a unos 650 m de altitud y trabajamos el suelo con agricultura regenerativa, cubierta vegetal y poda en vaso cónico». Así consiguen un aceite de excelente calidad, muy afrutado de intensidad media, con aromas a alcachofa, Alloza y heno. En boca es amargo medio y picante medio intenso. Este carácter único ha conseguido que en su primer año hayan recibido el premio Gold Award Dubai International Olive Oil Competition 2021. Y no es para menos.

El aceite de oliva, u oro líquido, además de proporcionar sabores únicos a nuestra gastronomía y ser el pilar de la dieta mediterránea desde hace más de 6.000 años, es un alimento con importantes propiedades. «El nombre de Aiosa proviene de la expresión en italiano *a iosa*, que significa abundancia. La pronunciación recuerda al nombre de Alloza, donde se encuentran nuestros olivos». Javier es un experto catador que reivindica la calidad: «Tenemos una tierra muy rica para producir un aceite extraordinario y es lo que yo quiero hacer. Me di cuenta de que Italia gana más dinero que España produciendo menos aceite. Trabajan marca o producto para un nicho de mercado específico. España depende de las dinámicas del mercado y el producto no se valora tanto. Así, no somos soberanos en las decisiones», reflexionaba Javier. Jóvenes con formación e ideas innovadoras pueblan estas ricas tierras de la comarca Andorra-Sierra de Arcos #CultivaSaberesCosechaFuturo.

Y así vamos cerrando esta ruta de Teruel, una tierra que nos ha sorprendido y enamorado a partes iguales. Nos vamos pedaleando con nuestras alforjas llenas de ilusión y orgullo rural, de saberes y sabores que nos empujan a seguir rodando con nuestras bicis. Uno de los hijos más ilustres de Alloza, el cantautor Joaquín Carbonell, lo tenía claro cuando lo decía en su canción, *De Teruel no es cualquiera*:

He viajado a pueblos sin sacristán
Donde no sangran por rencor
He llorado al ver una catedral
Levantada con dolor
El amor me brotó un día de abril
Bajo una higuera del edén
Noche mágica de Nueva York
La recuerdo con desdén
Yo nací en un parto sin doctor
Una noche de vendaval
Cuando abrí los ojos me inundó
Un asombro mineral
Jamás pude ver luego de mayor
Ese cielo tan maternal
Una vez me pasé en soledad

Siete días sin hablar
Por más que te esfuerces
No lograrás poderlo entender
Hay un sitio, hay un lugar
Donde no es fácil converger
La noche brilla más que el sol
Donde tú eres el timonel
Por más que lo busques, no
Solo es Teruel

El desierto será tu inmenso hogar
Y la nieve te abrazará
El mudéjar no es una decoración
Hay estrellas para comprar
Es extraño, pero es pura verdad
En Teruel quisieron nacer
Gente rara como Chomón
Gente rara como Buñuel
Si no tienes cerca un manantial
Si tu patria no tiene luz
Si las calles muerden al pasear
Si no puedes llevar tu cruz
Si el paisaje tuyo es una pensión
Sin domingos y sin pastel
No te amargues por una vez
Te dejamos ser de Teruel
Por más que te esfuerces
No lograrás poderlo entender
Hay un sitio, hay un lugar
Donde es fácil envejecer
La noche brilla más que el sol
Donde tú eres el timonel
Por más que lo busques, no
Solo es Teruel
Por más que te esfuerces

No entenderás esta quimera
Es muy fácil ser de Pekín
Es muy fácil ser de Estambul
Es muy fácil ser de Madrid
Más de Teruel no es cualquiera, uhh
Teruel, ¡GRACIAS!

Conclusiones

Llegamos a la etapa final de este libro, donde hacemos un repaso rápido de todo lo que hemos visto. Dos meses en la bici, 1.000 kilómetros de pedaleo y 47 proyectos visitados dan para muchas reflexiones y aprendizajes. Quisiéramos terminar este libro con un último capítulo que sirva de compendio de los aprendizajes atesorados durante la ruta. Juntando las piezas recogidas obtenemos una imagen bastante completa del medio rural turolense y sus dinámicas. Ha sido un viaje motivador, emocionante, interesante, lleno de descubrimientos, curiosidades y momentos de cariño y emoción.

Hemos optado por organizar las conclusiones en bloques temáticos que coinciden, en buena medida, con los pilares que sustentan la visión de Biela y Tierra sobre el mundo rural y su problemática. Para nosotras son elementos esenciales para abordar los retos sociales, ambientales y culturales a los que nos enfrentamos. Os presentamos unas breves conclusiones en las que no solo queremos resumir algunos puntos clave, sino que también dejamos reflexiones abiertas y pedaladas por explorar, porque el conocimiento nunca se detiene.

Teruel: mundo rural vivo

En Teruel encontramos mucho orgullo rural. Orgullo que se contrapone a la imagen victimista y negativa de la vida en los pueblos, orgullo rural que muestra nuestros pueblos como lugares donde las experiencias y proyectos brindan oportunidades para el futuro. El mundo rural no es solamente un lugar para vivir en armonía con la naturaleza, sino que también constituye una identidad y una oportunidad que, con el apoyo adecuado, puede fortalecer y mantener los equilibrios demográficos y vitales en los territorios.

Mucha gente decide mudarse a entornos rurales cuando van a formar una familia y es que, en el pueblo, criar a los hijos e hijas es diferente; es un ambiente en contacto con la naturaleza, donde toda la comunidad apoya y comparte experiencias. Porque en los pueblos la comunidad es mucho más cercana que en los entornos urbanos y se mantiene viva la conexión entre generaciones. Cada persona cuenta.

La vida rural ofrece la posibilidad de autoabastecimiento, de tener más autonomía y por ello se valora el esfuerzo diario y el amor que se pone en cada tarea. No consiste únicamente en trabajar, sino también vivir con autenticidad y disfrutar de una calidad de vida que no se limita a lo económico. En el medio rural es indispensable adaptarse a los ritmos y diversificar las actividades. El autoempleo y el emprendimiento se presentan como oportunidades a nivel personal y profesional; con cariño, esfuerzo y dedicación, se pueden hacer grandes cosas.

179

Necesitamos también sociedades rurales organizadas, que luchen por su cultura, que defiendan su identidad y que reivindiquen sus derechos. Preservar nuestras tradiciones y conocimientos locales es clave para mantener viva la cultural rural. Ser menos no debe restar derechos. Son necesarias políticas que entiendan y apoyen estas realidades rurales para poder seguir adelante y lidiar con los desafíos de la despoblación, las dificultades por la escasez de servicios e infraestructuras y la deficiencia en las comunicaciones terrestres y digitales.

Nuestros pueblos son entornos llenos de vida y cultura, donde hay espacio para crecer y prosperar valorando la comunidad y el bienestar personal. Esos pueblos permanecen gracias a la gente que los habita y cuida durante todo el año. Como su dinámica demográfica es cada vez más estacional es esencial que las personas que vienen a pasar temporadas también se involucren en la vida comunitaria. Esto no solo los revitaliza, sino que fortalece los lazos interpersonales.

Movilidad sostenible

El tren es una herramienta clave en la vertebración del territorio y puede jugar un papel crucial en la lucha contra la despoblación; es vital tanto para la conectividad entre poblaciones urbanas y rurales como para la movilidad dentro de éstas. Las líneas regionales y de media distancia son las que verdaderamente conectan los territorios y ofrecen servicio a los pueblos, aunque, desgraciadamente, están desapareciendo a favor de la implantación de las líneas de alta velocidad.

Es esencial mantener y mejorar las infraestructuras ferroviarias para garantizar un servicio público accesible, eficiente y sostenible. El futuro de la movilidad en el medio rural depende de políticas que fomenten la intermodalidad y una de las mejores combinaciones es la del tren y la bicicleta. Necesitamos reconocer y valorar el potencial del tren y la bicicleta como aliados estratégicos para reducir nuestra huella ecológica y mejorar la calidad de vida en ciudades y regiones rurales. La bici, sin duda, tiene beneficios sociales y comunitarios: la experiencia de pedalear en grupo resalta los aspectos sociales y emocionales positivos del cicloturismo. Reunirse para explorar nuevas rutas en bicicleta no solo fortalece la comunidad de ciclistas, sino que también promueve un estilo de vida activo y conectado con la naturaleza. Si buscamos alternativas de ocio y de turismo sostenible para los territorios rurales la bicicleta debe ser una aliada imprescindible.

Sin embargo, a pesar de los beneficios evidentes, en España, es un auténtico desafío combinar la bici y el tren porque existen barreras significativas en la accesibilidad para los cicloturistas que elijan esta opción: en los trenes de largo recorrido las bicicletas deben ir desmontadas y empaquetadas como si de una maleta se tratara y en los de media distancia y regionales la normativa indica que solamente pueden viajar 3 bicicletas en cada unidad. Es urgente que las autoridades y operadores de transporte adopten medidas para facilitar la combinación bici + tren. Esto incluye la eliminación de barreras físicas y administrativas que dificultan el transporte de bicicletas en los trenes, así como la adecuación de los vagones para permitir un acceso más fácil y seguro.

La sostenibilidad y la reducción de emisiones no son solo elementos para mensajes en la publicidad sino factores clave para implementar cambios y actuaciones reales que hagan que una movilidad más sostenible y eficiente sea una realidad. ¡Bicis al tren!

Asociacionismo y redes

Las reflexiones compartidas durante nuestro viaje sobre asociacionismo y redes nos muestran cómo la colaboración y la organización comunitaria son esenciales tanto en la cultura rural como en contextos más amplios.

Para fomentar la cohesión social y reforzar el sentido de identidad comunitaria, es esencial favorecer espacios de reflexión colectiva donde la población local pueda reunirse para discutir, planificar y tomar decisiones conjuntas. En Teruel, a pesar de las barreras geográficas y las limitaciones tecnológicas, las redes asociativas permiten superar obstáculos y conectar a las personas, compartiendo recursos y, sobre todo, conocimientos y experiencias.

Hemos visto como la cultura masovera, basada en principios de solidaridad, y el cooperativismo forman parte del ADN de la población turolense. Los masoveros han mostrado a lo largo de la historia cómo la organización comunitaria fortalece los lazos sociales y promueve el desarrollo conjunto. Hemos aprendido la importancia del apoyo mutuo y la colaboración como fundamentos para la sostenibilidad y el bienestar local.

Por el contrario, durante la ruta de Teruel también hemos encontrado conflictos y fricciones. Superar estas tensiones y encontrar soluciones que beneficien a toda la comunidad es crucial. La comprensión de nuestra interdependencia y nuestro papel dentro de un ecosistema más amplio nos ayudará a afrontar estos desafíos de manera más efectiva.

En definitiva, para mantener vivos nuestros pueblos, la cooperación, el compromiso y el respeto son elementos clave.

Arte y cultura

En esta segunda ruta de Biela y Tierra quisimos incluir explícitamente iniciativas artísticas y culturales que alimentan el alma. Fomentar el arte en entornos rurales no solo preserva y enriquece la identidad cultural local, sino que también puede ser una estrategia para combatir la despoblación y fomentar un desarrollo resiliente.

El arte y la creatividad están profundamente conectados con la naturaleza y lo rural ofrece oportunidades únicas para ello. Además, frente a contextos urbanos dominados por la rapidez y la competencia, el arte en entornos rurales actúa como una alternativa que invita a detenerse, apreciar otros ritmos, conectar con la población local y reconectar con lo esencial. La presencia constante de la naturaleza inspira a los artistas y su presencia activa en los pueblos no solo enriquece la vida cultural, sino que también puede ser un poderoso motor de desarrollo. Las artistas encuentran en estos entornos rurales un ambiente propicio para la creación: disponen de talleres accesibles, tiempo para profundizar en su obra y una comunidad que, generalmente, valora y apoya su trabajo.

El arte, como industria sostenible, se integra perfectamente en entornos rurales debido a su baja huella ambiental y la capacidad de crecer de manera orgánica. Esta característica lo convierte en un recurso valioso para promover medios rurales sostenibles, donde puede arraigar profundamente y beneficiar tanto a artistas como a vecinas y vecinos. Al promover y apoyar el arte en los pueblos, se establecen posibilidades para el asentamiento de nuevos pobladores vinculados con el mundo artístico donde el arte no solo se celebra, sino que se convierte en un elemento de impulso social y económico.

Sector primario y agroecología

El panorama actual del sector primario enfrenta dificultades significativas debido a políticas agrarias desfavorables para los modelos de producción familiar, al impacto de la globalización en las economías locales y a los mercados poco equitativos. Además, en esta década nos enfrentamos al enorme desafío de asegurar el relevo generacional en las explotaciones familiares. Apoyar medidas que favorezcan la transición hacia una agricultura y ganadería más ecológica y regenerativa, y que defiendan los modelos tradicionales de cultura campesina, debería ser una prioridad como sociedad. A lo largo de la geografía turolense hemos encontrado ejemplos de explotaciones agrarias en los que inspirar esta transformación hacia prácticas más sostenibles y resilientes.

La transición hacia prácticas agroecológicas no es solo una opción, sino una necesidad imperiosa. La agricultura ecológica promueve la creación de sistemas agrícolas sostenibles que optimizan y estabilizan la producción, la regeneración de nuestros agroecosistemas y la producción de alimentos de calidad. Preservar los conocimientos locales y recuperar cultivos y razas autóctonas son claves para el desarrollo sostenible de nuestros pueblos y para fortalecer la soberanía alimentaria. Además, la heterogeneidad de las variedades tradicionales y de las razas autóctonas ofrecen la posibilidad de adaptarse a los cambios que vayan surgiendo y, en un contexto de cambio climático, estas características tienen una relevancia esencial. La recuperación de saberes tradicionales permite conectar con la tierra y la cultura rural y es fundamental para asegurar un futuro local y resiliente.

Llevar a cabo la transición ecológica, necesaria en nuestro sector primario, pasa también por formar y acompañar a quienes cultivan: es fundamental invertir en formación y asesoramiento técnico. Coordinar esfuerzos entre universidades, escuelas agrarias, técnicos y agricultores facilitará una transición efectiva hacia prácticas más sostenibles y rentables.

Los productos agroecológicos protegen el medio ambiente durante su producción y garantizan alimentos de calidad para quienes los consumen. Pero, a su vez, el consumo ecológico lleva asociada una componente educativa, de fomento de hábitos más saludables y sostenibles y del consumo de productos fresco. Es necesario trabajar hacia un cambio de mentalidad que valore los alimentos ecológicos y de cercanía como piezas claves para la salud de las personas y la protección del entorno y priorice su consumo frente a otras opciones.

Consumo crítico consciente y transformador

Muchas de las reflexiones recogidas por las personas que conocimos a lo largo de la ruta pusieron de relieve la urgencia de reevaluar y transformar nuestras prácticas de consumo. Adoptar un enfoque de consumo crítico, consciente y transformador implica una revisión profunda de nuestras decisiones de compra. Apoyar sistemas alimentarios locales y sostenibles, valorar la transparencia en la producción y comercialización, así como reducir la dependencia de intermediarios son pasos esenciales hacia un consumo más ético y responsable. Este enfoque no solo beneficia nuestra salud y bienestar, sino que también contribuye significativamente a la protección del medio ambiente y al fortalecimiento de las economías locales, permitiendo un futuro en el que deseemos vivir.

En este sentido, es fundamental mantener y promover los mercados locales y los circuitos cortos de comercialización para garantizar el acceso a productos frescos y de calidad reduciendo el impacto ambiental. Estos espacios, además, facilitan que las personas consumidoras interactúen directamente con las productoras, y conozcan la historia que hay detrás de cada producto. No se valora aquello que no se conoce y estos espacios permiten fortalecer el vínculo entre productor y consumidor, recibir consejos sobre productos, aprender recetas y conocer más de cerca detalles del manejo agrícola o ganadero y, en última instancia, valorar la profesión de la agricultura y la ganadería.

Además, promover la venta directa y eliminar intermediaciones en la comercialización de alimentos es la estrategia más acertada para asegurar precios más justos para la producción y el consumo y empoderar a las personas consumidoras para investigar el origen exacto de lo que consumen.

Decrecimiento, soberanía y relocalización

La realidad rural conlleva una vida más sencilla y próxima a la tierra, con un esfuerzo y aprecio por los recursos que en contextos urbanos no se considera. Esta reflexión nos lleva a valorar la importancia de conceptos como el decrecimiento, la soberanía y la relocalización como vías hacia una transformación necesaria.

El decrecimiento no se limita a la reducción en el consumo material, sino que implica una redefinición de nuestros valores y prioridades. Durante esta ruta por Teruel nos encontramos varias iniciativas que apuestan por el decrecimiento como una opción que invita a reconsiderar nuestros estilos de vida en favor de una simplicidad consciente, lo que implica una mayor conexión con nuestra esencia y con la naturaleza que nos rodea, reconociendo nuestra pertenencia a la misma, algo que la vida urbana tiende a obviar en su búsqueda de comodidad.

La soberanía, por su parte, nos llama a asumir la responsabilidad sobre nuestras decisiones y entornos, recuperando el control sobre nuestras economías locales y reconstruyendo vínculos auténticos en nuestras comunidades. La relocalización pone el foco en la escala y la gestión de nuestros territorios, reconociendo la diversidad de recursos y valores culturales que cada comunidad custodia. Es una llamada a la autonomía y a la madurez social, rechazando la homogeneización global en favor de un futuro arraigado en lo local.

Este camino hacia el decrecimiento consciente y la relocalización conectando con la naturaleza es esencial para construir un mundo más resiliente y equitativo, donde la verdadera riqueza se mide por nuestra capacidad de vivir en armonía con nuestro entorno y con nosotros mismos. No debemos olvidar que el éxito ha de pasar por una vida sencilla en lo material, desarrollada en cercanía y resiliente.

Estas son algunas de las reflexiones extraídas de nuestra experiencia durante la ruta por Teruel y las visitas realizadas. Estamos convencidas de que la lectura del libro despertará muchas otras a quien se pierda entre estas páginas. Los cuadernos de campo están llenos de diversidad, de matices y múltiples enfoques porque son como la vida: poliédrica y variable. Deseamos que la lectura os haya inspirado y emocionado, tanto como a nosotras conocer a sus protagonistas. Y sobre todo, no dejéis de visitar esta tierra que tiene tanto para ofrecernos. Y si es en bici, ¡mucho mejor!.

Para leer más

Este libro se basa en los Cuadernos de Campo de 2021 que se publicaron *online* en este enlace. Encontrarás referencias a todas las iniciativas, hipervínculos y fuentes ampliadas. https://bielaytierra.com/category/ruta-2021/

Comunicación ambiental de la ruta de 2021

En 2021, Biela y Tierra recorrió 830 km en bicicleta durante dos meses con la intención de trasladar que tenemos un mundo rural vivo y que nuestra alimentación puede ser el motor de cambio hacia una sociedad más justa, sostenible y resiliente. Ana Santidrián y Edurne Caballero visitaron 50 iniciativas de alimentación sostenible y dejaron de emitir 124,5 kg de CO_2, divulgando estos contenidos a través de su web, redes sociales y con encuentros en el territorio.

Si te ha gustado este libro, prueba con este

Si el Pol·len es el conocimiento, nuestro objetivo es transferir Pol·len desde las autoras a les lectoras, donde germina haciendo posible la producción de semillas, y estas, multiplican el conocimiento(s).

En el proceso de elaboración de este libro hemos seguido varios criterios de ecoedició con el objetivo de reducir el impacto ambiental de la producción y asegurar la aplicación de prácticas de protección del medio ambiente.

Cómo veréis en la página siguiente, tres criterios son verificados por el Institut de la ecoedició de Catalunya y son:

 Producción local: el libro ha sido impreso en su territorio de distribución.

 Uso de papel FSC: el papel está certificado y reciclado 100%.

 Cálculo y comunicación de la huella ecológica.

Además, en este libro, hemos aplicado los siguientes criterios:

 Ecodiseño. En el diseño de estos libros hemos tenido en cuenta aspectos como utilizar medidas estándares para ahorrar papel o utilizar pocas pastillas de color.

 Gestión ambiental. Trabajamos con organizaciones que disponen de un Sistema auditado de Gestión Ambiental.

 Licencias de obra. Este libro se distribuye bajo una licencia Creative Commons en la modalidad de Reconocimiento-No Comercial-Sin Obras Derivadas.

 Tintas con aceites de origen vegetal. Este libro ha sido impreso con tintas con aceites de origen vegetal.

 Impresión digital/offset. Por las características del libro, hemos optado por la impresión en sistema offset, ahorrando 330 gramos de CO_2 equivalente por ejemplar.

 Planchas: Las planchas con las que se ha impreso este libro utilizan tramas estocásticas o sistemas UCR para ahorrar tinta.

 Energía renovable. Este libro ha sido impreso en una imprenta que se provee un 33% de su energía con energías renovables.

 Banca ética. Solo trabajamos con entidades financieras definidas como éticas: Triodos Bank y Coop57.

 Buen vivir. En este proyecto las personas están en el centro. Esto quiere decir que hemos tomado medidas de satisfacción, de conciliación, de bienestar, de flexibilidad y de felicidad, combinando las necesidades del colectivo y de las personas que formamos parte.

 Compensación con criterio. Las emisiones de CO_2 equivaliendo derivadas de esta publicación han sido compensadas a través de un proyecto de custodia del territorio con criterio: El Serradet de Barneres sccl.

Si quieres saber todos los criterios de ecoedición que aplicamos en Pol·len edicions en general, visita el web: www.pol-len.cat/ecoedicio

Pol·len edicions, sccl somos una editorial cooperativa que pensamos la ecoedición como una manera de entender los libros, de verlos y sentirlos, de pensar en los bosques y en los ecosistemas como parte de los libros, de pensar en los libros como parte de nosotras, de pensar en nosotras como parte de una Tierra, común.

Con este sello, el Institut de l'Ecoedició certifica que la publicación de este título sigue los siguientes criterios de ecoedición:

- producción local
- uso de papel FSC cerficicado
- Cálculo del impacto ambiental y publicación de los ahorros (mochila ecológica)

Puedes encontrar más información en institutecoedicio.cat

bDAP202500163

Título: Orgullo rural Biela y Tierra en ruta
Editorial: Pol·len Edicions sccl
Autoría: Caballero, Edurne; Santidrián, Ana
Año: 2025
Imprenta: Novoprint
Código ISBN: 978-84-10255-94-4

MOCHILA ECOLÓGICA

Esta tabla resume el impacto ambiental de esta publicación, desde su creación hasta que ha llegado a tus manos y hasta el final de su vida útil.

HUELLA DE CARBONO (g CO_2 eq.)	RESIDUOS GENERALES (g)	CONSUMO DE AGUA (L)	CONSUMO DE ENERGÍA (MJ)	CONSUMO DE MATERIAS PRIMAS (g)
611	37	10	14	178
88	5	1	2	22

Estos son los AHORROS que hemos conseguido generar en este ejemplar mediante criterios de ecoedición*.
* Respecto a una publicación comuna.

 La huella de carbono de este ejemplar es equivalente a la huella emitida por Google durante 1,2 milisegundos de operación.